군주론

마키아벨리 지음 | 이상두 옮김

Niccolò Machiavelli
Il Principe

차 례

이 책을 읽는 분에게 · 7

드리는 말 · 13

제1장 군주국의 종류와 그 획득 방법 · 17

제2장 세습 군주국 · 19

제3장 복합형 군주국 · 21

　　　새로 장악한 지역에 대한 통치의 어려움 | 정복한 지역을 성공적으로 유지하는 방법 | 국가의 불안요소를 조기에 발견하고 적절한 조치를 취해야 한다 | 루이 12세의 이탈리아 점령은 왜 실패로 끝났는가 | 루이 12세의 실패로부터의 교훈

제4장 정복된 나라의 상이한 특성 · 36

제5장 점령 도시나 국가에 대한 통치 · 41

제6장 무력과 역량으로 획득한 새 군주국 · 44

　　　자신의 능력으로 군주가 된 자들에 대하여 | 자신의 능력으로 군주가 된 자가 그 성공을 굳히려면

제7장 타인의 무력에 의해 획득한 새 군주국 · 51

　　　타인의 도움으로 군주가 된 자들의 실패에 대해서 | 아버지의 도움으로 군주가 된 발렌티노 공작의 분투 | 발렌티노 공작의 몰락에 관하여

제8장 부도덕한 행위로 군주가 된 사람들 · 64

　　　악랄하기 짝이 없던 아가토클레스 | 숙부를 죽인 올리베로토 | 잔임함은 최대한 짧게 보이고 은혜는 최대한 계속 베푼다

제9장 시민형 군주국 · 71

　　　민중의 지지를 받는 군주와 귀족의 지지를 받는 군주의 차이 | 군주는 민중이 자신의 필요성을 항상 인식하게끔 해주어야 한다

제10장 군주국의 국력에 대한 평가 · 77

제11장 교회국가 · 80
  신의 뜻이 절대적인 바탕이 되는 교회국가 | 알렉산데르 6세, 율리우스 2세, 그리고 레오 10세 교황 하의 교회국가

제12장 군대의 종류와 용병 · 86
  국가의 방위를 용병에게 맡겨서는 안 되는 이유 | 용병은 백해무익하다 | 용병은 이탈리아를 어떻게 몰락시켰는가

제13장 원병과 혼성군과 국민군 · 96
  파멸을 원하는 군주는 원병을 요청하라 | 자국의 군대로 전쟁을 하는 군주만이 진정한 승리자가 된다

제14장 군사에 관한 군주의 임무 · 103

제15장 왜 군주는 찬양 받거나 비난 받는가 · 107

제16장 관대함과 인색함 · 110

제17장 잔인함과 인자함, 사랑받음과 두려움 · 114
  효율적인 통치를 위해서라도 '잔인하다'는 평판을 두려워해선 안 된다 | 군주는 그 어떤 경우에도 증오는 사지 말아야 한다

제18장 군주가 지켜야 할 신의 · 121
  군주는 사자의 용맹과 여우의 지혜를 갖춘 인간이어야 한다 | 군주는 무슨 수를 써서라도 자신의 권위를 확립하고 보전해야 한다

제19장 경멸과 증오를 피하려면 · 127
  군주는 신하들 앞에서 자신의 나약한 점을 보여주면 안 된다 | 신하들의 음모를 예방하려면 민중들에게서 호감을 사라 | 몰락한 로마황제들에게서 얻는

교훈 | 경멸과 증오로부터 자신을 지키는데 성공한 세베루스 황제 | 영향력과 강력함을 갖춘 무리들로부터의 경멸을 자초한 황제들의 파멸 | 새로운 군주가 세베루스 황제와 마르쿠스 황제에게서 배워야 할 점

제20장 군주가 가질 수 있는 최상의 성채 · 144

민중을 신뢰해주면 그들의 신뢰를 얻을 수 있다 | 민중 간의 파벌싸움을 조장하는 것은 군주에게도 해롭다 | 적대적이던 인물에게서 더 큰 충성을 얻을 수 있다 | 군주에게 있어 가장 강력한 성체는 바로 민중이다

제21장 군주가 명성을 얻으려면 · 152

군주는 끊임없이 명성을 추구해야 할 필요가 있다 | 군주는 자신의 입장을 명백히 할 때 존중 받는다 | 군주는 민중을 소중히 하는 모습을 보여야 한다

제22장 군주의 측근 대신 · 158

제23장 아첨배들을 어떻게 피할 것인가 · 161

제24장 무능한 이탈리아 군주들 · 165

제25장 운명과 신의 지배를 받는 인간사 · 169

상황에 따라 적극적으로 변화하는 자는 운명에 시달리지 않는다 | 운명의 주인이 되려는 자는 과감하게 행동하라

제26장 이탈리아를 해방시키기 위한 권고 · 174

작품해설 ① 근대정치학의 시조 마키아벨리 · 182

이상두 (전 시립대 교수)

1. 마키아벨리의 생애 | 2. 마키아벨리의 시대적 · 정치적 상황
3. 마키아벨리의 저작 | 4. 마키아벨리의 이론 및 사상에 대한 평가

작품해설 ② 마키아벨리의 생애와 군주론 · 214

김경희 (서울대 한국정치연구소 선임연구원)

1. 생애와 사상 | 2. 《군주론》에 대하여

이 책을 읽는 분에게

　이탈리아의 역사학자이자 정치이론가이며 '현실 정치의 바이블'이라 불리는 《군주론》의 저자 마키아벨리(Niccolò Machiavelli)는, 1469년 피렌체에서 법률가인 아버지와 명문가 출신의 어머니 사이에서 4남매 중 장남으로 태어났다. 그는 학문에 대단한 열정을 지닌 아버지와 문학적 재능이 뛰어난 어머니의 영향을 받으면서 성장했다.
　그의 대표적 작품인 《군주론》은 공화제를 동경하면서도 분열과 혼란이 계속되던 이탈리아를 위해서 군주의 권력에 기대를 건 그의 의지의 소산이다. 그는 이 작품에서 군주에게 가장 필요한 것은 권력뿐이며 종교나 도덕에 구애됨 없이 어떠한 모략을 사용해도 좋다는 현실주의적 정치 이론을 전개하고 있는데, 그린 우수한 징지 이론에 의하여 그는 소위 '근대 정치학의 시조'라 일컬어지고 있다.
　예전부터 내려오던 윤리적인 정치 이론을 부정하고 현실적인 정치 원리를 수립하여 근대 정치학의 발전에 큰 공헌을 한 명저임에 틀림없는 《군주론》은 그의 날카로운 심리적 통찰력, 예언적 특성, 열정적인 문체, 독자에게 가해지는 끊임없는 충격 등으로 인해 오늘날에도 고전으로 널리 읽히고 있다.

그러나 《군주론》은 저술·발간된 후 오늘에 이르는 약 500년 동안에 무수한 찬미와 비난의 반복을 겪어왔다. 《군주론》과 여기에 나타난 마키아벨리의 정치 이론이나 정치 사상만큼 상반된 평가를 받아온 것도 그 예가 드물 것이다.

"군주는 그의 신민臣民을 결속시키고 충성토록 하기 위해서는 잔혹하다는 평판에 조금도 개의介意해서는 안 된다"라든지, "군주는 사랑받는 것보다 두려움을 받는 쪽이 훨씬 안전하다", 또는 "군주는 여우의 간사한 지혜와 사자의 용맹을 가질 필요가 있다"라는 등 이 책에 나타난 정치 이론은 '악마의 소산' 혹은 '독약'이라고 비난·규탄 받았으며, 그 결과 당연히 《군주론》은 로마 교황청의 '금서 목록'에 포함되었다. '목적을 위해서는 수단 방법을 가릴 필요가 없다'는 것이 마키아벨리즘이요, '권모술수'가 곧 마키아벨리즘의 동의어가 되기에 이르렀다.

그런가 하면 한편에선 마키아벨리즘의 정치 감각은 결코 비도덕적인 것이 아니라는 마키아벨리 옹호론이 나왔고, 마키아벨리는 군주가 아닌 인민에게 교훈을 주었으며, 그의 작품은 공화주의자의 교과서요, 이탈리아의 국가적 독립과 통일에 대한 뜨거운 소망의 소산이기에 마키아벨리야말로 애국자이며 이탈리아의 자랑이라는 찬양론까지 대두되었다.

《군주론》 번역은 톰슨(N. H. Thomson)이 번역한 하버드 클래식(Harvard Classics) 1910년판과 조지 불(George Bull)이 번역한 펭귄 클래식(Penguin Classics) 1973년판을 텍스트로 사용하였으며, 본문은 주로 전자에, 주註는 후자에 의거했다.

그런데 이 두 영역본英譯本 사이에도 어휘와 표현에 약간의 차이가 있는 곳이 매우 많았는데, 몇 가지 예를 들면 군주국을 전자에서는 'Princedom', 후자에서는 'Principality'로 표기하고, 용병 및 외국의 원군과 구별되는 자기 나라의 군대를 전자에서는 'National Arms'로, 후자에서는 'Native troops'로 표기했다. 또 혼합국가 혹은 복합국가의 장章을 전자에서는 'of Mixed Princedoms'로, 후자에서는 'Composite Principalities'로, 그리고 또 시민형 군주국을 전자에서는 'the Civil Princedom'으로, 후자에서는 'the Constitutional Principalities'로 표기했다. 그리하여 되도록이면 저자의 의도에 가까운 것을 취해 옮겼다.

번역에서 비록 성의는 다했지만 워낙 온축蘊蓄이 없는 비재非才인지라 제대로 옮기지 못했거나 잘못 옮긴 곳이 있지 않을까 두렵기 그지없다. 다만 이 번역본이 구도자적 정열을 갖고 마키아벨리즘을 연구하는 학도들과 진리 탐구와 현실 인식에 관심이 있는 독자들에게 작은 도움이나마 될 수 있다면 더없는 기쁨이겠다.

옮긴이

군주론

드리는 말

니콜로 마키아벨리가
훌륭하신 로렌초 디 피에르 데 메디치 전하께 올림[1]

    대체로 군주의 후원을 받고자 원하는 사람은 자신이 지니고 있는 물건 중에서 가장 귀중한 것이나, 혹은 군주가 받아서 기뻐할 것을 가지고 배알하러 가는 것이 관습으로 되어 있습니다. 따라서 군주에게 말이나 갑옷·비단·보석과 그리고 군주의 권위에 알맞은 장신구 등을 헌납하는 것을 자주 볼 수 있습니다.

    그래서 저도 충성의 징표를 가지고 전하를 뵙고자 하였습니다만, 제가 소유하고 있는 것이라고는 근래에 일어난 여러 사건에 대한 오랜 경험과 옛것에 관한 계속적인 연구를 통하여 터득한 위인의 행적에 대한 지식 외에는 별로 소중히 여기거나 존중할 만한 것이 없음을 알았습니다. 그래서, 신중하고도 참을성 있게 심사숙고히

---

1) 드리는 말은 마지막 제26장과 함께 본문보다 몇 년 늦은 1516년경에 씌어진 것이라고 하며, 《군주론》은 1513년 7월에서 12월에 걸쳐 한 산장에서 씌어진 듯하다. 저자는 처음 이 책을 당시 피렌체 지배자 중 한 사람인 줄리아노 데 메디치(1479~1516)에게 바치려고 하였다. 메디치 가 출신의 교황 레오 10세가 아우인 줄리아노를 위해 중부 이탈리아 지방에 새로운 나라를 세우려는 계획을 알고 있었기 때문이라 한다. 그러나 이 계획은 실현되지 않았으며, 줄리아노는 교황의 노력으로 1516년 우르비노 공작에 봉해졌으나 곧 사망하였다. 이 때문에 저자는 줄리아노의 조카로 대 로렌초의 손자인 이 로렌초(1492~1519)에게 책을 바치려고 하였는데, 당시 로렌초는 피렌체의 최고 지휘관에 막 임명되었을 때였다. 로렌초도 얼마 안 있어 죽어버렸기 때문에 《군주론》을 읽지 못한 것이 아닐까 하는 설도 있다.

고 검토한 지식을 여기 이 작은 책2)으로 엮어 전하께 바치고자 하는 바입니다.

　비록 이 책이 전하께 드리는 선물로서 알맞지 않을 것으로 생각됩니다만, 오랫동안 많은 고생과 위험의 대가로 제가 익히고 알게 된 것을 전하께서 짧은 시간 안에 이해하실 수 있게 하는 것 이상으로 더 좋은 선물은 없다고 생각하면서, 인자하신 전하께서 이 책을 기꺼이 받아주실 것을 감히 바라는 바입니다.

　이 작품은 세상 사람들이 그들의 글을 쓰거나 꾸미는 데에 흔히 사용하는 유창한 미사여구와 과장된 술어, 그리고 비본질적 문장 수식은 일절 사용하지 않았습니다. 왜냐하면 저는 이 책으로 명성을 얻고자 하는 것이 아니라 그 내용의 진실됨과 주제의 중요성이 전하께 받아들여지길 바랄 따름이기 때문입니다.

　신분이 미천한 자가 대담하게도 군주의 정치에 관해 논술하거나 규정하려는 것은 외람된 짓이라고 생각하실 것입니다. 하지만, 부디 그렇게 여기시지 마시기 바랍니다. 이는 지도를 그리려는 사람이 산이나 고지의 특성을 관찰하기 위해 평지에도 내려와 보아야 하고 또한 평지의 광경을 알기 위해 산 위로도 올라가 보아야 하듯이, 백성을 이해하려는 이는 군주의 입장이 되어 보아야 하고, 또한 군주에 대해 분명한 견해를 가지려면 백성의 위치에도 서보아야만 하는 것과 같은 것이기 때문입니다.

　그러므로 전하께서는 제 심정을 살피시어 이 작은 선물을 받아주시기 바라옵니다. 전하께서 만일 이 책을 주의 깊게 읽으시고 그 내용에 대해 깊이 생각하신다면, 운명의 신과 전하의 자질에

---

2) '군주론'이라는 표제는 원전原典에는 표기되어 있지 않다. 저자가 친구인 프란체스코 빅토리에게 보낸 1513년 10월의 편지에 "여러 가지 정치 양식을 논하여 나라를 획득하고 유지하거나, 또는 상실하기에 이르는 정치의 존재 양식을 밝히는 《군주론(De principatus)》이라는 작은 책"이라고 쓰고 있는 것이 제목의 유래다.

따라 위대한 자리에 오르시게 될 것이며, 또한 그것이 저의 최고 소망임을 아시게 될 것입니다. 전하가 후일 위대함의 절정으로부터 이 보잘것없는 낮은 곳으로 눈을 돌려주신다면, 제가 운명에서 얼마나 혹독하고도 끊임없는 조롱을 받고 있는가를 아시게 될 것입니다.3)

---

3) 이 대목에선 두 가지 사실을 엿볼 수 있다. 첫째, 마키아벨리의 기술 태도는 전체를 통하여 냉정하고 논리적이다. 그러나 이 대목에선 불우한 자기 처지를 개탄하며 울분을 토로하고 있다. 둘째는 다시 공직에 복직하여 국사國事에 대한 그의 경륜을 펴보고자 하는 열망이 은연중 불타고 있다는 사실이다.

제1장
군주국의 종류와 그 획득 방법

지금까지 사람들을 다스려왔거나 또 현재 다스리고 있는 모든 나라의 통치 체제는 공화국이 아니면 군주국이다. 군주국은 주권이 통치자의 혈통을 통해 이어지는 세습제이거나 아니면 새로 생겨난 군주국이다.

새로운 군주국은 프란체스코 스포르차[1]가 통치한 밀라노와 같이 완전히 새로운 것이든지, 또는 스페인 국왕[2]이 다스리고 있는 나폴리 왕국[3]처럼 정복한 군주에 의하여 세습국의 일부분으로 병합되어버리는 새로운 나라다.

이렇게 하여 획득된 영토에서 한 군주의 지배 하에 혹은 자유롭게 사는 데 익숙해지는 경우가 있다.[4] 그리고 나라를 획득하기 위

---

1) 프란체스코 스포르차(1401~1466)는 무초 스포르차의 군대에 들어가 싸웠으며, 1424년 아버지의 뒤를 이어 장군이 되었다. 밀라노 공작이던 필리포 마리아 비스콘티의 딸 비안카 마리아를 아내로 삼고, 공작의 사후死後 밀라노 공화국의 위임에 의하여 베네치아와 싸워 승리하였으며, 1450년 밀라노 공작이 되었다.
2) 페르난도 5세(1452~1516). 그는 아라곤 왕 후안 2세의 아들로 1479년 아라곤 왕위를 계승함과 동시에 스페인을 통일 국가로 만들었다. 1501년 나폴리를 점령하고, 1504년에 시칠리아도 병합했으며, 나폴리를 부왕국副王國으로 삼았다.
3) 나폴리 왕국은 아라곤의 프에데리코 1세의 지배 하에 있었으나, 1501년에 스페인과 프랑스 동맹군에 의해 점령당했다. 그 후 1504년, 스페인 왕 페르난도 5세가 프랑스군을 격파하고 영토로 삼았다.

해서는 군주의 무력에 의하거나 아니면 타국의 무력에 의하는 경우가 있으며, 또 행운에 의하거나 실력에 의하는 경우도 있다.

---

4) 공화제의 국가나 도시를 가리킨다.

제2장
세습 군주국

　공화국에 대해서는 다른 곳1)에서 길게 논하였기 때문에 지금은 이야기하지 않겠다. 여기서는 군주국에 한해서만 다루며, 그리고 앞에서 논한 내용에 따라 군주국은 어떻게 통치되고 유지되는가에 대해 논하고자 한다.

　세습 국가, 즉 군주의 혈통을 이어오고 있는 국가를 유지하는 일은 새로운 국가의 그것보다 어려움이 훨씬 적다고 말할 수 있다. 왜냐하면 그 군주는 선왕이 남겨놓은 관습에서 벗어나지 않고 또 갑작스런 사건에 대해서 적절히 대처하기만 하면 충분하기 때문이다. 그러므로 세습 군주가 남들만큼 근면하다면 돌발적이고도 강대한 힘에 의해 그 나라를 빼앗기지 않는 한, 그의 국가를 유지할 수가 있다. 그리고 비록 나라를 빼앗기는 일이 있다 하더라도 찬탈자에게 어떤 불운이 닥치면 다시 되찾을 수가 있는 것이다.

　이러한 예로 이탈리아에서는 페라라 공작2)이 있는데, 만일 그가

---

1) 이미 1512년 말부터 다음해 초에 걸쳐 〈정략론政略論〉의 처음 몇 장을 쓰기 시작한 듯하다. 따라서 〈군주론〉은 〈정략론〉을 쓰던 붓을 잠시 멈추고 쓴 것으로 된다. '다른 곳'이란 《정략론》의 제1권 제18장까지를 가리킨다.
2) 에스테 가家의 에르콜레 1세(Ercole 1 d'Este, 1471~1505)를 가리키는데, 에스테 가는 14세기 이래 페라라 영주의 가문이다. 에르콜레 1세는 영토 확장을 위해 1482년 5월 3일 베네치아에 싸움을 걸었으나 한 번 패하였고, 1484년 평화 교섭에 성공했다. 에르콜

대대로 왕가王家를 이어온 집안 출신이라는 뒷받침이 없었더라면 1484년의 베네치아군의 공격을 견뎌냈거나, 1510년의 교황 율리우스 2세의 공격을 이겨내지 못했을 것이다.

그러므로 세습 군주는 민중을 박해할 이유도 필요성도 별로 없기 때문에 그는 민중으로부터 한층 더 사랑받게 되는 것은 당연하며, 지나친 악행으로 백성들의 미움을 받지 않는 한 자연히 백성들의 호감을 사게 된다. 더욱이 군주의 통치가 예로부터 끊이지 않고 이어지는 경우에는 예전에 있었던 혁신에 대한 기억도 동기도 사라져버리고 만다. 왜냐하면 하나의 변혁은 항상 또 다른 변혁의 열장끼움3)을 남기기 때문이다.

레의 사후, 군주가 된 아들 알폰소는 베네치아와 교황 율리우스 2세의 항불抗佛 군사동맹에 대항하여 프랑스와 동맹하였다.
3) 이탈리아어로는 'addentellato'로서 성벽 위에 만들어져 있는 것 같은 凹형의 모양을 가리키며, 영어로는 'devetail'이라 하며 비둘기꼬리형으로 만든 돌기突起를 뜻한다. 여기서는 '뒤따라 일어나는 화근'에 대한 비유로 사용되고 있다.

제3장
복합형 군주국

새로 장악한 지역에 대한 통치의 어려움

그러나 새로 장악한 곳에서는 통치에 대한 많은 어려움이 따른다.
첫째 그 군주국이 전적으로 새로운 것은 아니라 하더라도 기존의 영토와 새로운 영토를 합한 '복합형'이라고 부를 수 있는 나라의 일부분에 해당되는 새로운 나라의 경우, 거기에서 일어나는 변혁은 모든 새로운 나라가 안고 있는 본래의 어려움에서 주로 생겨난다. 즉, 보다 나은 여건을 위해서 민중은 지배자를 바꾸어야 한다고 생각하며, 이런 기대 속에서 민중이 지배자에 대항하여 무기를 들게 되는 것이다. 그러나 그들은 잘못 생각하고 있는 것이다. 그리고, 그들은 나중에야 상황이 전보다 너욱 나빠지게 된 것을 경험을 통해 알게 된다.

그렇게 되면 군주로서는 군대를 동원해야 하고, 자기의 새로운 통치권에 대항하여 발생하는 사태에 대해서 온갖 악행을 자행할 필요가 있기 때문에 또 다른 문제점이 어쩔 수 없이, 그리고 흔히 나타나게 된다.

이와 같이 통치권을 장악하는 동안에 군주에 의해 피해를 본 자들은 모두 군주의 적이 되며, 뿐만 아니라 일찍이 협력하였던 자까지도 그들이 기대했던 만큼의 보상을 해주지 못할 때는 우정은 더 이상 지속되지 못한다. 왜냐하면 그들이 기대했던 만큼 그들을 만족시켜줄 수도 없고 그렇다고 해서 군주가 은혜를 입고 있는 그들에게 강권을 휘두를 수도 없다. 그러므로 아무리 강력한 병력을 가지고 있는 군주라 할지라도 새로운 지역에 들어가기 위해서는 그곳 주민의 호감을 살 필요가 있다.

이런 이유로 프랑스의 루이 12세가 신속하게 밀라노를 점령했으면서도 곧 그것을 잃고만 것이다.4) 그리고 로도비코 스포르차가 자기의 군대만으로써 프랑스 왕으로부터 그것을 한 번 되찾을 수 있었다. 왜냐하면 프랑스 왕에게 성문을 열어주었던 백성들이 그들의 생각이 잘못되고 장래의 행복에 대한 기대와 희망이 어긋나고 있다는 것을 알고는 새로운 지배자에 대한 반감을 참을 수 없었기 때문이었다.

모반謀叛이 있었던 영토를 다시 획득하면 이는 쉽게 잃어버리지 않는다는 것은 사실이다. 그 이유는 군주가 지난번의 반란을 거울삼아 반역자들을 처벌하고 혐의자들을 재판하여 자신의 안전을 꾀하며 자신의 취약점을 보완하고 그의 위치를 강화하기 때문이다. 그러므로 프랑스 왕으로부터 밀라노를 되찾기 위해서 로도비코 공작은 변두리에서 반란을 일으키는 것만으로도 충분하였다. 물론, 그가 다시 밀라노를 회복하기 위해서는 전 국토가 프랑스에 대항하고5) 프랑스군을 격파하여 이탈리아에서 몰아내지 않으면 안 되

---

4) 루이 12세는 베네치아인과 동맹을 체결하고(1499년 2월), 잔 자코모 트리베르치아노의 군대를 이탈리아에 파견하여 그해 9월 11일 밀라노를 점령하자 영주 로도비코 모로는 독일로 도망갔다. 베네치아인은 밀라노의 3분의 1을 차지했다. 밀라노인은 이것을 반대하여 새 영주를 몰아냈고, 로도비코는 귀국하여 옛 영토를 회복하였다(1500년 2월 5일). 나중에 스위스인에게 배신당하여 프랑스에 패고 프랑스의 감옥에서 죽었다.
5) 교황 율리우스 2세가 프랑스에 대항하여 제창한 신성동맹神聖同盟을 말하는데, 베네치

었는데, 이는 앞서 말한 원인 때문이다. 결국 프랑스 왕은 두 번이나 밀라노에서 내쫓겼다.

정복한 지역을 성공적으로 유지하는 방법

프랑스 왕을 물리칠 수 있었던 첫번째 이유는 이미 논하였다. 이제 두번째 이유에 대해 논하고자 하며, 그리고 그때 프랑스 왕이 취한 대책과 또 다른 후계자가 그의 입장에 있었다고 하면, 정복한 나라를 이 왕보다 더욱 성공적으로 유지하는 데는 어떤 방책이 있었는지 논하려 한다.

그런데 정복되어 본국에 병합된 영토의 경우, 같은 영토 안에서 동일한 언어를 사용하거나 아니면 다른 언어를 사용하게 된다. 영토와 언어가 같고 더욱이 병합된 영토의 주민이 자치적인 생활에 익숙지 못한 경우, 그 영토를 보전하는 일은 매우 용이하다. 그 영토들을 확고히 유지하기 위해서는 지금까지 지배해온 군주의 혈통을 근절시켜버리면 충분하다. 그 외의 것은 주민에게 옛날부터의 상태를 지속시키면 풍속·습관의 차이가 없기 때문에 주민은 평화롭게 살아갈 수 있다. 예를 들면 브르타뉴, 부르고뉴, 가스코뉴와 노르망디에서 보는 바와 같이 그들은 오랫동안 프랑스에 병합되어 있었다.[6] 비록 그들 사이에는 언어상의 차이는 다소간 있었으나 풍속에는 공통점이 있었기 때문에 서로 쉽게 결합을 유지할 수 있

아·스페인·영국 등이 가담했다. 루이 12세는 1512년, 이 연합군을 라벤나에서 격파했으나 다음해 신성로마 황제 막시밀리안 1세와 충돌하게 되어 결국 이탈리아로부터 물러나게 된다. 따라서 루이 12세가 이탈리아 정치에 개입한 시기는 1499년부터 1512년에 걸친 13년간이다.

[6] 프랑스에 병합된 시기는 노르망디(1204년 필리프 2세), 가스코뉴(1453년 샤를 7세), 부르고뉴(1477년 루이 11세), 브르타뉴(1491년 샤를 8세)다.

었다.

그러므로 그러한 영토를 획득한 군주가 그것을 유지하려고 한다면 다음의 두 가지 사실에 주의하지 않으면 안 된다. 첫째는 그 영토의 군주의 혈통을 근절하는 일이고, 둘째는 종래의 법률이나 세제稅制를 고치지 않는 일이다. 이러한 방법에 의해 짧은 기간 내에 새로이 획득한 영토는 기존의 영토와 완전히 하나가 되기에 이른다.

그러나 언어도 풍습도 제도도 다른 지역의 영토를 획득하는 경우 많은 어려움이 따르고, 보전하는 데도 커다란 행운과 노력이 필요하게 된다. 그런 영토를 처리하는 효과적인 방법 중 하나는 정복자가 그 지역에 이주하는 일이다. 이 방법은 영토의 보전을 더욱 안전하게, 더욱 영구적으로 만드는 일이기 때문이다. 이것은 터키가 그리스에 대하여 취했던 대책이다.7)

만일 터키 왕이 그리스에 이주하지 않았더라면 그 영토를 보전하기 위하여 그 어떠한 방법을 강구하였다 하더라도 그 나라를 보전해갈 수는 없었을 것이다. 왜냐하면 현지에 살고 있으면 분란이 일어나더라도 초기에 탐지하여 즉각 대책을 수립하고 조치를 취할 수 있기 때문이다. 그러나 떨어져 있으면 분란이 확대될 때까지 알 수 없으므로 대책을 세우지 못하게 된다.

더욱이 군주가 살고 있으면 그의 영토가 부하에 의하여 약탈되는 일은 일어나지 않으며, 주민들도 그들의 군주에게 언제나 의지할 수 있으므로 만족하게 된다. 그리고 만일 주민이 충성심을 품고 있으면 군주를 흠모하게 되고, 역심逆心을 품더라도 군주를 두려워하는 이유가 되며, 이 나라를 공격하려는 외부의 적도 무척 신중을

---

7) 그리스란 여기서는 전술 발칸 반도를 말한다. 터키 왕 무라드 2세(1421~1451)는 헝가리 · 그리스 · 알바니아에 원정했고, 메메드 2세(1451~1481)는 이를 확대하고 콘스탄티노플을 점령(1453), 이 결과 유럽에 기반을 만들었고 스스로 그곳으로 이주했다.

기하게 된다. 결론적으로 군주가 현지에 살고 있는 한 그 나라를 빼앗는 일은 극히 어렵다.

다른 최선의 방책은 영토의 중요 거점 한두 곳에 이민단移民團을 보내는 일이다.[8] 이렇게 하지 않으면 많은 수의 기병대나 보병을 주둔시키지 않으면 안 된다. 이민단에는 비용이 많이 들지 않는다. 그들을 파견하고 유지하는 데는 적은 비용을 들이거나 전혀 자기 비용을 들이지 않아도 된다. 다만 새로운 이주자에게 주기 위해 그 토지와 가옥을 빼앗긴 소수의 현지인들의 노여움을 살 따름이다.

그러나 손해를 입은 사람들은 그 사회의 일부에 지나지 않고 널리 흩어져 있을 뿐만 아니라, 가난하기 때문에 군주에게 위험한 존재가 되지는 않는다. 더욱이, 다른 원주민들은 괴로움을 당하지 않았으므로 결국 쉽게 조용해질 것이고, 동시에 그들의 소유물이 약탈당한 사람들과 같은 운명에 빠지지는 않을까 염려하여 잘못을 저지르지 않도록 전전긍긍할 것이다.

요컨대 이와 같은 이민은 군대보다 비용이 덜 드는데다 훨씬 충실하며 또 사람들에게 해를 덜 입히게 된다. 손해를 입은 이들도 앞에서 말한 바와 같이 가난하고 흩어져 있기 때문에 군주에게 해를 입히지 못한다. 여기서 알아두어야 할 것은 민중을 친절하게 대우해주든가 아니면 철저하게 억누르든가 해야 한다는 것이다. 왜냐하면 사람은 사소한 피해에는 복수하려 하지만 심각할 정도로 큰 피해에 대해서는 복수할 수 없기 때문이다. 그러므로 어느 누군가에게 피해를 입힐 때엔 군주 자신이 복수에 대한 두려움을 가지지 않아도 되도록 하지 않으면 안 된다.

만일 이민단 대신에 군대를 파견하게 되면 비용은 크게 늘어나

---

[8] 마키아벨리의 지론인 식민정책은 주로 로마의 '콜로니아'에서 암시를 받아 그 의미로 사용하고 있다.

며, 국가의 모든 수입은 이 군대를 유지하는 데 소모될 수밖에 없다. 그렇게 되면 영토의 획득이 오히려 해가 되고 또 군대의 주둔지를 여러 곳으로 이동함으로써 영토 전체에 해를 끼치게 되어 주민에게 더 심각한 피해를 주게 됨으로, 주민들은 고통을 절실히 느껴 모두 군주의 적이 되고 만다. 그들은 비록 정복당했지만 그들 자신의 나라에 살고 있기에 군주에게 해를 끼칠 힘을 가지고 있는 적이기도 하다. 그러므로 모든 면에서 이민단은 효과적이나 주둔군은 불리하다.

국가의 불안요소를 조기에 발견하고
적절한 조치를 취해야 한다

법률과 언어가 그 자신의 백성의 것과 다른 지역을 다스리는 군주는 보다 약한 이웃 나라 군주들의 맹주盟主나 보호자가 되도록 노력하여야만 한다. 그리고 그 지역에서 강대한 자의 힘을 약화시키고, 뜻하지 않은 사건에 의해 자기와 대등할 정도로 강력한 외부 세력이 지역 안에 들어오는 일이 없도록 경계하지 않으면 안 된다. 왜냐하면 야심이나 공포심으로 인하여 자기 나라에 불만을 품은 사람들이 외부 세력을 끌어들이려고 하는 것은 항상 일어나는 일이기 때문이다. 우리가 아는 바와 같이 옛날 아에토리아인들이 그리스에 로마군을 끌어들인 것이 그 예다.[9] 로마군이 다른 모든 지역에 진주할 수 있었던 것은 그 지역 주민의 영접이 있었기 때문이다.

---

[9] 이 사실의 출처는 티투스 리비우스의 《로마사》로 생각되는데, 엄밀한 의미에서는 사실과 일치하지 않는다. 왜냐하면 로마군이 그리스에 침입한 것은 아에토리아인이 불러들인 것이 아니기 때문이다. 로마군은 마케도니아의 필리포스 5세가 숙적 한니발과 연합하고 있었으므로 직접 마케도니아와 싸우기 위해서 자발적으로 진격한 것이다.

세상의 일반적인 추세는 외부의 강력한 한 군주가 어느 지역에 침입해 오자마자 그 지역의 약소국들이 지금까지 자신들을 지배하고 있던 군주에 대한 원한으로 인해 이 침입자의 편을 들게 된다는 점이다. 그러므로 이들 약소국들을 손에 넣는 데는 별다른 수고나 어려움이 없다. 왜냐하면 약소국들은 그들의 운명을 함께하여 하나가 된 상태에서 그 지역을 정복할 또 다른 강대국 군주의 통치를 받아들이려 하기 때문이다. 그러므로 새 군주는 그들이 지나치게 큰 세력으로 성장하지 않도록 주의해야 한다. 그리하여 자신의 세력과 그들 나라의 선의善意에 의한 지원으로 우세한 나라들을 쉽게 정복하게 되어 그 지역의 패권자로 남을 수 있게 된다. 이러한 방법을 잘 다루지 못하는 자는 그가 획득한 것을 곧 잃어버리게 될 것이며, 비록 소유하고 있다 하더라도 그의 영역 내에서 곤란과 재난이 끊임없이 일어나는 것을 보게 될 것이다.

고대 로마인들은 그들이 획득한 지방에서 내가 기술한 방법을 애써 따르고 있다. 그들은 이주민을 정착시키고 약소국에 대해서는 그들의 세력을 증대시키지 않고 회유하며, 강대국에 대해서는 그들의 자존심을 꺾어 주었고, 강력한 외국 세력이 영향력을 획득하는 것을 허용하지 않았다.

한 예로 다음 일을 드는 것으로 족할 것이다. 그리스에서 로마군은 아카에인과 아에토리아인을 제 편으로 끌어들이는 한편, 마케도니아 왕국을 꺾고 안티오코스를 내쫓았다.10) 그러나 아카에인도 아에토리아인도 이 공적으로 그들의 세력을 증대시키지는 못했다. 또한 필리포스왕의 제안과 달리 그가 그 자신을 굴욕적인 수준으

---

10) B.C. 192년, 시리아의 안티오코스가 그리스에 상륙했을 때 아에토리아인은 이들 편을 들었고, 아카에인과 필리포스는 로마를 도왔다. 191년에 로마에 패한 안티오코스는 그리스에서 세력을 상실하고, 후에 페르가몬이 일어남에 따라 마케도니아는 쇠퇴했다.

로 낮추는 조건이 아닐 경우 그의 제안대로 그가 로마인의 친구로서 받아들여질 수는 없었다. 그리고 안티오코스의 강한 세력까지도 그 지방에서 어떤 권력을 행사하는 것이 허용되지 않았다.

이렇게 하여 로마인은 현명한 지배자라면 누구나 당연히 해야 할 일을 한 것이다. 즉 현명한 지배자는 현재의 어려움뿐만 아니라 장래의 문제에 대해서도 생각을 하지 않으면 안 되며, 모든 노력을 다해 이것에 대처하여야 하는 것이다. 재난이 아직 멀리 있을 때 예견하면 쉽게 대책을 세울 수 있으나, 그것이 눈앞에 닥치는 것을 기다리고 있을 때에는 이미 장례식을 치른 뒤에 의사의 처방전이 도착하는 식으로 병을 치유하는 것이 불가능하다. 의사가 소모열消耗熱에 대해 말하는 것처럼 병의 초기엔 이것을 고치기는 쉬우나 발견하기가 어렵다. 그런데 이와 반대로 초기에 발견하여 손을 쓰지 않으면 시간이 감에 따라 뚜렷해지는 병을 발견하기는 쉽지만 치료하기는 불가능하게 된다.

나라를 다스리는 일에도 이와 같은 일이 많다. 현명한 통치자만이 할 수 있는 일로서, 국가의 불안 요소를 초기에 발견하게 되면 쉽게 다스릴 수 있으나, 발견하지 못한 채 모든 사람이 분명하게 알 때까지 진행되었다면 이미 어떤 대책도 세울 수 없게 된다. 그러므로 로마인들은 멀리 떨어져 있는 재난을 예견하여 항상 대책을 강구하였고, 전쟁을 피하기 위하여 재난의 여지를 남겨두지 않았다. 왜냐하면 전쟁은 회피할 수 없는 것이고 또 이것을 연기하는 일은 적을 이롭게 하는 것일 뿐임을 그들은 잘 알고 있었기 때문이다. 그러므로 로마인은 이탈리아에서 싸우는 것을 피하고 그리스에서 필리포스 왕이나 안티오코스와 전쟁하는 것을 택했다. 비록 이때의 전쟁은 그들이 피하려고 했으면 둘 다 회피할 수가 있었던 것이나 그들은 그것을 바라지 않았고, 로마인은 오늘날 현자賢者들이 항상 말하는 '때를 기다리라'[11]는 격언을 좋아하지도 않았다. 그들은 자신의 용기와 선견지명의 결과에 의지했다. 왜냐하면 '때'라는 것은 모든 것을 몰고 오며 또한 선과 악을 함께 가져오기 때문이다.

루이 12세의 이탈리아 점령은 왜 실패로 끝났는가

그러면 프랑스 문제로 되돌아가서 앞에서 말한 바와 같은 대책을 프랑스가 채택했는지의 여부를 검토하여보자. 샤를 왕에 대해서는 언급하지 않고 그의 후계자 루이 12세에 대해서 이야기하려 하는데, 그 까닭은 루이 12세는 오랫동안 이탈리아를 점령하고 있었으므로 그의 행동의 특징을 보다 분명히 알 수 있기 때문이다. 그는 외국에 있는 영토를 유지하기 위하여 당연히 해야 할 것과는 정반대의 일을 한 것을 알게 될 것이다.

루이 12세가 이탈리아를 침공한 것은 롬바르디아 영지의 반을 루이 12세의 개입에 의하여 획득하려고 한 베네치아인의 야심이 원인이었다.[12] 나는 이 개입이나 루이 12세가 취한 조치를 비난하려는 것은 아니다. 그것은 이탈리아에 발판을 구축하려고 했으나 그 지역에는 그의 우군友軍이 없었으며, 뿐만 아니라 반대로 지난날 샤를 왕의 행동의 결과로 모든 성문이 그에 대항하기 위하여 폐쇄되었으므로 그는 그가 찾을 수 있는 우호 관계는 무엇이나 받아들

---

11) 당시 이탈리아와 프랑스에서 유행한 격언이다.
12) 루이 12세가 즉위한 당시 이탈리아는 피사가 전쟁 중이었고, 피렌체, 베네치아, 밀라노에서는 피사를 획득하려 하고 있었다. 교황 또한 루이 12세를 설득하여 이 전쟁 속으로 끌어넣었다. 이때 베네치아의 상황은 피사 공격을 허락하지 않고, 군대의 소환도 되지 않아 곤란하였다. 밀라노의 로도비코는 터키 침공의 두려움을 명분으로 루이 12세와 동맹을 맺었다(1499년 4월 15일).

이지 않으면 안 되었다. 그리고 그의 계획은, 만일 다른 행동을 하면서 실패를 저지르지 않았더라면 쉽게 성공하였을 것이다.

루이 12세는 롬바르디아 회복에 의해 샤를 왕이 상실했던 명성을 즉각 되찾았다. 제노바는 항복하였고 피렌체는 한편이 되었다.13) 만투아 후작, 페라라 공작, 벤티볼리 가家, 포를리 부인, 파엔자, 페사로, 리미니, 카메리노, 피옴비노의 영주들과 루카, 피사, 시에나의 주민들은 모두 그와 우호 관계를 맺으려고 접근했다.14) 롬바르디아에서 두 개의 도시를 획득하기 위하여 이탈리아의 3분의 215)가 프랑스 왕의 지배 하에 놓이게 한 베네치아인은 그때 가서야 자기들이 취한 분별없는 조치를 후회하게 되었다. 루이 12세가 앞에서 말한 원칙을 지키고 그의 우방들을 확보하여 그들로부터 보호를 받았더라면, 이탈리아에서의 그의 권위는 힘 안 들이고 유지될 수 있었으리라는 사실을 생각해봐야 할 것이다.

이들 국가와 영주들은 힘이 약하여 어떤 자는 교황을, 또 어떤 자는 베네치아인을 두려워하고 있었으므로 프랑스 왕의 편을 들지 않을 수 없었다. 프랑스 왕은 그들을 이용함으로써 다른 강국에 대항하여 자신의 안전을 쉽게 얻을 수가 있었다. 그러나 그는 밀라노에 입성하자마자 로마냐 지방을 점령하려고16) 교황 알렉산데르 6

---

13) 제노바는 밀라노에 속해 있는 경우가 많았으나 마지막에 프랑스에 항복했다. 피렌체는 앞으로 어떻게 할 것인지 쉽게 결정하지 못하다가, 1499년 10월 19일 루이에게 항복했다.
14) 만투아 후작 프란체스코 2세, 페라라 공작 에스테 가家 에르콜레 1세, 벤티보리 가家 보로니아 영주, 포를리 부인 카타리나 스포르차, 파엔자 아스토레 만프레디, 페사로 지오반니 코스탄차 스포르차, 리미니 판도르포 마라테스타, 카메리노 줄리오 체자레 바라노, 피옴비노 야코포 데리아피아노 등을 언급한 것이다. 루카와 피사, 시에나는 당시 공화국이었다.
15) 이 숫자는 확실치 않다. 당시 베네치아는 세력을 육지로 확대하기 위해 페르모와 크레모냐를 거쳐 마사까지 이르렀다. 교황 알렉산데르 6세와 그의 아들 체자레 보르지아는 교회의 세속권世俗權 확대를 위한 눈부신 활동을 했다.
16) 알렉산데르 6세는 아들인 체자레 보르지아에게 명하여 로마냐 지방을 로마 교회의 지배하에 두도록 하려고 했다. 그 결과 보르지아는 1500년에서 1502년에 걸쳐 로마냐

세를 원조하여 반대 노선을 취했다. 이와 같은 일로 인해 그는 자기의 동맹군 및 그의 지배 하에 모였던 사람들과 사이가 멀어지게 되어 자신의 세력이 약화되고, 한편 강력한 권위를 부여하는 종교적 권력에다 세속적 권력을 추가해줌으로써 교황권을 강화시켜주었다는 사실을 예측하지 못했다. 이 기본적인 실수 때문에 그는 실수를 거듭 반복하게 되었고, 교황 알렉산데르 6세의 야망을 견제하고 또한 교황이 토스카나의 지배자가 되는 것을 방해하기 위해 왕 스스로가 이탈리아로 쳐들어가지 않으면 안 되게 되었다.17)

교황 알렉산데르 6세

지방을 중심으로 하는 중부 이탈리아를 석권하였다. 그러나 보르지아의 참뜻은 교황령의 확대보다는 자기 나라를 확립하고 강화하는 데 있었음이 밝혀졌다.
17) 1502년 체자레 보르지아가 로마냐 지방을 정복하고, 나아가 토스카나 지방 및 그 수도인 피렌체를 공격한다는 풍문이 나돌자 루이 12세는 밀라노까지 진출하였다.

그런데 그는 교황의 세력을 강화시키고 자신의 동맹군을 잃어버린 것에 대해서는 전혀 깨닫지 못하고 나폴리 왕국을 소유하기 위해 스페인 왕과 그것을 분할하려 했다. 루이 12세는 이탈리아의 맹주였음에도 경쟁자인 스페인 왕을 끌어들였고,[18] 이 때문에 이 지역의 야심가들과 불평분자들은 도움을 청할 인물을 가지게 된 셈이다. 루이 12세는 그에게 공물貢物을 바칠 허수아비왕[19]을 그 자리에 남겨두어야 했는데도 불구하고 루이 12세 자신을 추방시킬 강력한 인물을 놓아두었다.

영토 획득욕은 매우 당연하고 흔히 있을 수 있는 일이며, 능력 있는 자가 이것을 기도할 때 그들은 비난이 아니라 오히려 칭찬을 받을 것이다. 그러나 능력이 미치지 못하면서 무리하게 강행하려는 것은 잘못이며 또한 비난을 면치 못하게 된다. 그러므로 만일 프랑스 왕이 자국의 병력으로 나폴리를 공격할 수 있었다면 당연히 그렇게 했어야 한다. 만일 그가 그렇게 할 수 없다고 했더라도 나폴리를 분할하지 말았어야 했다. 그리고 베네치아와 함께 롬바르디아를 분할한 것은 이탈리아에 프랑스 왕이 발판을 구축하였다는 의미에서는 변명이 성립될 것이다. 그러나 꼭 그럴 만한 구실이 없는 나폴리 분할의 경우는 비난을 받아야 마땅한 일이었다.

루이 12세의 실패로부터의 교훈

그러므로 루이 12세는 다음과 같은 다섯 가지의 실수를 저질렀다.

---

[18] 1500년의 크라나도 조약에 기조하여 루이 12세는 스페인의 페르난도왕과 나폴리 왕국을 분할 지배하려고 하였다. 그러나 그 후 양자의 관계는 악화되어, 1504년 루이왕은 나폴리 왕국에 관한 권한을 완전히 잃었다.

[19] 나폴리 왕국의 옛 영주인 아라곤 가의 프에데리코 1세를 가리킨다.

첫째, 약소국을 멸망시켰다.

둘째, 이탈리아에서 강력한 한 군주[20]의 세력을 강화시켰다.

셋째, 이탈리아에 대단히 강력한 외국 세력을 끌어들였다.

넷째, 그 자신이 이탈리아에 정착하지 않았다.

다섯째, 이민단을 보내지도 않았다.

그러나 그가 베네치아 공화국의 영토를 빼앗은 여섯 번째의 실수[21]를 범하지 않았더라면, 이미 말한 실수가 왕이 살아 있는 동안에는 그에게 큰 피해를 주지는 않았을 것이다. 왜냐하면 그가 교황권을 강화시켜주지 않고 스페인을 이탈리아로 끌어들이지만 않았더라도, 그가 베네치아인을 굴복시킨 것은 정당하고도 필요한 조치였을 것이다.

그러나 그가 이러한 실수를 범했다 하더라도 베네치아를 멸망시키려고 노력해서는 결코 안 되는 것이었다. 즉 베네치아인이 강대했던 동안에는 다른 나라가 롬바르디아를 침략하는 것을 막을 수 있을 것이며, 또한 자기 나라가 롬바르디아의 맹주가 되지 않고서는 어떤 정책에도 동의하지 않을 것이기 때문이다. 또한 제3국이 프랑스로부터 롬바르디아를 빼앗아 이것을 베네치아인에게 돌려줄 리도 없으며, 그렇다고 이 두 나라에 감히 도전할 만한 용기도 없었다.

루이 12세가 로마냐를 교황 알렉산데르 6세에게 양도하고 나폴리를 스페인에 양도한 것은 전쟁을 피하기 위한 것이었다 한다면, 나는 앞서 말한 이유에 근거하여 다음과 같이 대답할 것이다.

사람은 전쟁을 피하기 위해 그의 계획이 저지되는 것을 버려둬

---

20) 교황 알렉산데르 6세를 말한다.
21) 교황 율리우스 2세가 제창한 캄브라이 동맹(1508)에 가담하여 베네치아 공화국을 공격한 것을 가리킨다.

서는 안 되며, 전쟁은 피할 수 있는 것이 아닐 뿐 아니라 이것을 회피함으로써 손해만 볼 뿐이라고. 그리고 루이 12세가 자기의 이혼 문제와 담보와즈를 추기경으로 만들기 위한 대가로 교황과 행한 전쟁 협정 약속22)을 지키고자 했다면, 차후 군주의 약속과 그 약속은 어떻게 지켜지는가에 관해 말하는 대목에서 답하겠다.

이와 같이 루이 12세는 점령지를 보전하려는 사람이 지켜야 할 방침 중 어느 것 하나도 따르지 않았기 때문에 롬바르디아를 잃고 만 것이다. 이것은 조금도 이상한 일이 아니며 당연하고도 자연스런 일이다. 그런데 이 문제에 대해서 교황 알렉산데르 6세의 아들 체자레 보르지아가 로마냐를 점령하고 있을 때 나는 낭트에서 루앙의 추기경23)과 이야기한 적이 있다.

그때 루앙의 추기경이 이탈리아인은 전쟁을 이해하지 못한다고 말하기에, 나는 프랑스인은 정치를 모른다, 왜냐하면 프랑스인이 정치를 알고 있다면 로마 교황권이 이렇게 강력하게 자라도록 허용하지는 않았을 것이라고 대답했다. 그리고 이탈리아에서의 교황권 및 스페인 세력이 강력하게 된 것도 프랑스 때문이었으며, 또 이탈리아에서의 프랑스의 파멸은 그들의 세력 확보에 의해 이루어졌음을 보여준다.

이런 사실에서 우리는 절대로 소홀히 할 수 없는 보편적인 원칙을 끌어낼 수 있다. 즉 다른 사람을 강력하게 만들어주는 사람은 끝내 스스로 멸망한다는 것이다. 왜냐하면 그 사람은 약삭빠른 재

---

22) 체자레 보르지아가 로마냐 지방으로 침공을 하려함에 있어서 교황 알렉산데르는 루이 왕과 다음날 상호 원조의 약속을 하였다고 한다. 즉 루이 12세는 샤를 8세의 미망인 안느와 재혼하기 위하여 이혼 허가를 받고, 또 그의 재상(宰相)이 루앙의 대사교 조르주 담보와즈가 추기경이 되는 것을 요구하였다. 이에 대하여 교황은 아들 보르지아의 로마냐 진출에 대한 원조와 보르지아를 프랑스 남동 지방 바란치노아 백작령의 영주로 임명할 것을 요구하였다.
23) 조르주 담보와즈(1460~1510). 루앙의 대주교로 루이 12세의 고문역이었다. 마키아벨리는 1500년, 처음으로 프랑스 궁전에 사절로 갔을 때 그와 회담하는 기회를 가졌다.

치와 폭력으로 남을 강하게 만들지만, 세력을 얻게 된 자는 이 두 가지 수단에 대해 불신을 품기 때문이다.

제4장
정복된 나라의 상이한 특성

 알렉산드로스 대왕[1]은 불과 몇 년 사이에 아시아의 정복자가 되어 그 지역을 완전히 자신의 영토로 만들기 전에 죽었는데, 새로 획득한 영토를 보전하는 일이 얼마나 어려운가에 대해 생각한다면 알렉산드로스의 죽음을 계기로 그에게 정복된 모든 나라는 반란을 일으킬 것이라고 예상할 수 있을 것이다. 그러나 대왕의 후계자들은 그것을 훌륭히 보전하였다. 심지어 그들 자신의 야심이나 상호 간의 시기에서 생겨나는 어려움을 제외하고는 다른 어려움을 찾아볼 수 없다.
 만일 어떤 사람이 이것을 이상하게 생각하고 그 이유를 묻는다면 나는 이렇게 답할 것이다. 역사적인 기록을 돌아보면 모든 군주국은 두 가지 방법에 의하여 통치되어왔는데, 하나는 한 사람의 군주 및 그의 총애를 받으며 대신(大臣)처럼 국정을 보좌하는 신하들에 의한 방식과, 나머지 하나는 한 사람의 군주와 봉건 제후에 의한 방식인데, 이들 제후는 군주의 후원에 의해서가 아니라 그들의 오

---

[1] 마케도니아 왕 알렉산드로스 3세(B.C. 356?~323). 그는 B.C. 334년 페르시아를 멸망시키고 B.C. 328년에는 박트리아를 정복하여 극히 짧은 기간에 대제국을 건설했다. 그러나 그의 사후, 7인의 장군들 사이에서 후계자 다툼이 벌어져 마침내 대제국은 마케도니아·시리아·이집트 등 11개 지역으로 분열되었다.

래된 혈통에 의하여 그 지위를 유지하고 있다. 그들은 각자 자신의 영지와 그들을 영주로서 우러르며 충성을 바치는 백성을 가지고 있다. 한 사람의 군주와 그 신하들에 의해 통치되고 있는 나라에서의 군주는 거의 완전한 권력을 가지고 있다. 왜냐하면 군주는 나라 전체를 통하여 절대적으로 높은 지위의 존재로서 인정되고 있기 때문이다. 그러므로 백성이 군주 이외의 어떤 사람들에게 복종한다 하더라도 그를 일개 대신이나 관리라고 생각할 뿐이지, 그에게 어떤 특별한 감정을 느끼는 일은 없다.

이러한 두 가지 통치 형태의 예를 오늘날에는 터키[2]와 프랑스 왕에게서 볼 수 있다. 터키 왕국은 한 사람의 군주에 의해 통치되고 있으며 나머지 사람들은 모두 그의 신하였다. 그는 그의 왕국을 몇 개의 산자크[3]로 분할한 후 거기에 여러 행정관을 파견하되, 군주의 마음대로 그들을 이동시키거나 교체시켰으나, 프랑스 왕은 오래 된 가문의 제후들에 둘러싸여 있었다. 이 제후들은 각자 그의 백성들로부터 인정과 사랑을 받고 있으며 그리고 그들은 각자 특권을 누리고 있었는데, 왕은 자신의 권위가 침해되지 않는 한 이 특권을 박탈할 수는 없었다.

그러므로 이 두 나라의 서로 다른 특징을 생각해본 사람은 터키를 점령하는 일은 어려우나 한번 획득하기만 하면 손쉽게 유지할 수 있으리라는 것을 알게 될 것이다.

터키 왕국을 정복하는 데의 어려움은 그 왕국의 군주가 외세를 끌어들이지 못하며, 또 군주의 측근자들이 반란이라도 일으켜서 정복을 쉽게 해주리라는 희망도 없기 때문이다. 이것은 이미 말한

---

[2] 터키는 오스만(Osman) 제국과 그 황제인 술탄(Sultan)을 말한다.
[3] 터키어로는 'Sanjac'로 이슬람교 국가에서의 각 주의 행정장관을 말한다. 그러나 여기서는 행정구역의 의미로 쓰고 있다.

여러 가지 이유 때문인데, 즉 모든 관리들은 노예이고 그들은 군주에게 예속되어 있기 때문에 쉽게 매수되지 않는다. 또 비록 매수된다 하더라도 이미 설명한 바와 같이 백성들까지 그들과 행동을 함께하도록 할 수가 없으므로 별 도움을 주지 못한다.

그렇기에 터키를 공격하려면 우선 연합 전선을 형성해야 하며, 그리고 적의 분열을 기대하기보다 자신의 힘에 의존해야 한다는 사실을 명심하지 않으면 안 된다. 그러나 터키가 전쟁에서 압도당하고 패배하여 그의 군대를 재조직할 수 없게 되면 그 외에 염려할 것은 아무것도 없으며, 다만 군주의 혈통을 근절시키기만 하면 된다. 군주의 혈통이 끊어지게 되면 민중의 신뢰를 받을 수 없게 되며, 그리고 정복자는 승리 이전에 백성들에게 아무것도 기대하지 않았으므로 정복 후에도 그들을 두려워할 이유가 없다.

그러나 프랑스처럼 통치되고 있는 나라는 이것과 반대다. 거기에는 불평분자와 변혁을 바라는 무리들이 있기에 그 나라 제후의 누군가를 수중에 넣으면 쉽게 그 나라에 침입할 수 있다. 앞서 말한 이유에 의하여 그들은 그 나라에 침입할 길을 열어주고 정복을 쉽게 해준다. 그러나 나중에 이 나라를 유지하기 위한 노력에는 정복자를 원조해주었던 사람들과 정복자에게 피해를 입은 사람들로부터의 끝없는 어려움에 시달릴 것이다. 이때는 군주의 혈통을 근절시키는 것만으로는 충분하지가 않다. 왜냐하면 이곳에는 새로운 반역을 일으킬 수 있는 사람들이 남아 있기 때문이다. 그런데 그들을 만족시킬 수도 없고 또 타도할 수도 없으므로 그들에게 기회가 오기만 하면 나라를 빼앗기게 된다.

다리우스 왕[4])의 통치 형태가 어떤 것인가를 본다면, 그의 나라

---

4) 다리우스 3세(재위 기간 B.C. 336~330). 마케도니아의 알렉산드로스 대왕에게 패한 고대 페르시아제국 최후의 왕이다.

는 터키 왕국의 그것과 흡사하다는 것을 알게 될 것이며, 따라서 알렉산드로스 대왕에게는 무엇보다 먼저 다리우스 왕을 철저히 패배시키고 그의 영토를 빼앗는 일이 필요하였다. 패전 후 다리우스 왕은 죽었으므로, 앞서 설명한 이유에 따라 알렉산드로스는 그 나라를 영원히 보전할 수가 있었다. 그리고 알렉산드로스 대왕은 후계자들이 단결만 유지했더라면 혼란 없이 그 영토를 보전할 수 있었을 것이다. 그 왕국에서는 그들 자신의 내분을 제외하고는 아무런 저항도 일어나지 않았기 때문이다.

프랑스 왕국과 같은 정치 조직을 가지고 있는 나라의 경우는 그처럼 쉽게 평온을 유지시킬 수는 없다. 로마인에 대항해 스페인·프랑스·그리스에서 계속해서 일어났던 반란은 그 지역들에 많은 군소 제후들이 있었던 까닭이다. 백성들에게 이 제후들의 기억이 남아 있는 한, 로마인들은 그들의 영토 보전이 결코 안전하다고 생각할 수 없다.

그러나 오랫동안 뿌리내린 로마제국의 통치가 계속되었으므로 어느새 그러한 기억이 사라지고, 로마인의 점령은 확실한 것이 되었다. 그 후 로마인들은 그들 사이에 내분이 일자, 각자가 획득한 세력에 따라 각각 그 나라의 일부를 점유하게 되었다. 그리고 이들 지역의 주민들은 옛 군주의 혈통을 단절시켜버린 로마인만을 지배자로서 승인하였다.

이상과 같은 사실을 생각해본다면 알렉산드로스 대왕에겐 아시아에서 영토의 확고한 보전이 가능하였으며, 피로스[5]를 비롯한 여타의 많은 군주들은 정복지를 보전하는 데 어려움을 겪었으리라는 것에 대해 의심할 사람은 없을 것이다. 이것은 정복자가 지닌 능력

---

[5] 피로스는 알렉산드로스 대왕의 종형제로 시칠리아와 남이탈리아를 정복하였으나, 그 정복지는 공화정의 전통을 가진 도시였기에 정복지의 통치에 어려움을 겪었다.

의 우열에서보다 오히려 정복된 나라의 상이한 특성에서 생겨난 것이라 하겠다.

제5장
점령 도시나 국가에 대한 통치[1]

　앞에서 말한 것처럼 정복된 나라가 그들 자신의 법률 하에서 자유롭게 사는 데 익숙해져 있는 경우, 정복자가 그 나라를 다스릴 수 있는 세 가지 방법이 있다. 첫째 그 나라를 멸망시켜버리는 것, 둘째 정복자 자신이 그곳에 옮겨 사는 것, 셋째 그들 자신의 법률 하에 살도록 허가하고 조공을 바치게 하며 그 영내의 군주와 우호관계를 유지할 수 있는 소수자의 통치, 즉 과두정치를 하게 하는 것이다. 특히, 세 번째 방법에 따라 생겨난 정부는 새로운 군주에 의하여 만들어졌기 때문에 그들은 군주의 보호와 지지 없이는 존립될 수 없다는 것을 알고 있으므로 군주의 나라를 유지하기 위하여 전력을 다할 것이다. 그리고 자유로운 생활에 익숙한 도시를 보전하기 위해서는 다른 어떤 방법보다도 그 시민을 이용하는 것이 보다 쉬운 방법이다.
　정복한 국가를 보전하기 위한 이와 같은 예를 스파르타인과 로마인에게서 볼 수 있다. 스파르타는 아테네와 테베에 과두정치[2]

---

[1] 이 장의 기술은 제3장과 비교하여 이해해야 할 내용이다.
[2] 펠로폰네소스 전쟁에서 아테네를 격파한 스파르타는 '30인제(三十人制)'라고 불리는 과두정치를 아테네에 적용·실시하였다. 그러나 B.C. 403년, 아테네의 장군 트라시불로스가 일어나 스파르타를 깨뜨리고 민주정치로 되돌아갔다. 한편 스파르타는 테베에 대해서

를 실시함으로써 이러한 도시들을 보전하였으나 결국 그들을 잃었다.

로마인은 카푸아, 카르타고와 누만티아를 정복3)하기 위하여 이 나라들을 파괴해버렸으나 그것들을 잃지는 않았다. 그러나 다른 한편 로마가 그리스를 정복하려 할 때 스파르타가 했던 것과 같은 방법으로 하려고 생각하여 그곳에 자유를 주고 그 자신의 법률에 의하여 통치되도록 허락하였기에4) 실패하였다. 그러므로 그것을 보전하기 위해서 많은 도시들을 파괴하지 않을 수 없었다. 이는 그런 경우에 그 나라를 확고하게 보전하기 위해서는 파괴 이외의 다른 방법이 없었기 때문이다. 그렇기에, 자유를 누리며 사는 데 익숙해진 도시의 지배자가 된 군주는 그 도시를 파괴하지 않으면 오히려 그 도시에 의하여 자기가 타도된다는 것을 명심해야 한다. 왜냐하면 반란이란 항상 '압제자로부터의 해방'과 '예전에 누렸던 자유'라는 명분에서 동기를 찾을 수 있기 때문이다.

이 '해방'과 '예전에 누렸던 자유'는 긴 세월로도, 그리고 그 어떤 선정善政으로도 잊게 할 수는 없다. 그러므로 어떤 시설을 가지든, 어떤 방비를 하든, 주민들을 분산시키지 않으면 그들은 예전에 누렸던 자유와 질서를 결코 잊어버리지 않기에, 군주에게 재난이 닥치면 언제든지 즉각적으로 그에게 반항하게 된다. 마치 100년 동안 피렌체에 예속되어 있던 피사가 봉기하였던 것처럼 말이다.5)

도 그 제도를 적용하였으나 B.C. 397년 페로피다스에 의해 뒤집혀져 민주정치로 복귀하였다.
3) 로마인은 카르타고를 B.C.146년에 멸망시키고, 누만티아는 B.C.133년에 격파하였다. 그러나 카푸아 공략에 대해선 사실과 어긋난다.
4) B.C.196년, 플라미니우스는 코린트에서 그리스의 독립과 자유를 선언했으나 나중에 여러 가지 변화가 있었다. B.C.146년 문비무스는 그리스를 공격하여 로마의 한 주로 편입시켰다.
5) 피사의 지배자인 비스콘티가 1406년 피사를 피렌체에 매각하였다. 그러나 전쟁은 오래 계속되어 1494년 11월 10일 드디어 반란을 일으켰으나, 1509년 다시 피렌체에 합병되었다.

그러나 군주의 지배 하에서 살아왔고 더욱이 그 혈통이 끊어져 버린, 새로 획득한 도시나 국가에서는 한편으로는 새 지배자에게 충성하고 다른 한편에서는 자기들의 옛 지배자를 잊어버렸기 때문에 그들 사이에서 한 지도자를 선출하는 데 합의를 보지 못한다. 뿐만 아니라 그들은 자유민으로서 살아가는 방법도 모르고 또 쉽사리 반란을 일으키지도 못하므로, 다른 지역에서 온 군주는 그들을 쉽게 정복할 수 있고 또 자신을 그들 위에 군림시킬 수도 있다. 그러나 공화국에선 강력한 생명력이 있고 격렬한 증오가 있으며 복수에 대한 갈망이 있다. 그들이 지난날 지녔던 자유에 대한 기억이 그들로 하여금 휴식을 취하게 내버려두지 않는 것이다.

그러므로 이곳을 통치하는 데 가장 안전한 길은 그들을 파멸시키든가, 아니면 군주 자신이 그들과 함께 사는 일이다.

제6장
무력과 역량으로 획득한 새 군주국

자신의 능력으로 군주가 된 자들에 대하여

완전히 새롭게 획득한 통치권에 관해 말하면서 내가 가장 위대한 인물과 정부들을 인용한다 하더라도 이상히 여기지 않기를 바란다. 왜냐하면 사람은 대체로 타인의 발자취를 따르고 타인의 행동을 모방하지만, 그렇다고 해서 선인先人이 걸어간 길을 정확하게 따라갈 수는 없는 것이고, 또한 본받고자 하는 인물의 능력에 도달하기도 어렵다. 그렇기에, 현명한 사람은 항상 여러 다른 사람들 중에서 위인이 걸어간 길을 따르고, 가장 뛰어난 인물을 모범으로 삼지 않으면 안 된다. 그렇게 하다 보면 비록 그가 위인들과 똑같이 되지는 못한다 하더라도 최소한 그 향기의 얼마만이라도 획득할 수 있게 된다.

이것은 사려 깊은 궁술가와 같은 행동이다. 궁술가는 그가 맞히고자 하는 과녁이 너무 먼 상황에서 화살이 날아갈 수 있는 거리를 알면 과녁보다 훨씬 더 높은 곳을 겨냥한다. 이는 그 화살로 그렇게 높은 곳을 맞히려고 하는 것이 아니고, 화살을 더 높이 쏨으로써 과녁을 맞힐 수 있게 하기 위해서다. 그러므로 군주가 새롭게, 완전히 새롭게 그 통치권을 획득한 나라를 보전하는 데 따르는 어려움은 오직 이 나라를 획득한 군주의 능력에 따라 다르다.

그런데 일개 평민이 군주가 되었을 때에는 그것이 능력에 의한 것이었든지, 행운에 의한 것이었든지 간에 이 두 가지 조건 중 어느 한쪽이 그 군주가 맞닥뜨리게 될 많은 어려움을 어느 정도 완화해줄 것이다. 그러나 운에 덜 의지하는 이가 결국엔 보다 더 성공하게 된다. 그리고 다른 영토를 가지지 않았기에 자신이 새롭게 획득한 국가에 옮겨 살아야만 하는 경우에는 그 군주에게 더욱 유리하게 된다.

행운에 의해서가 아니라 자기 자신의 역량에 의해 군주가 된 사람을 보면, 그들 중에서도 모세, 키루스, 로물루스, 테세우스 등이 가장 탁월한 인물들이라고 말할 수 있다.[1] 다만 모세는 하느님의 명령을 집행한 데 지나지 않은 사람이므로 논의의 대상으로 삼아서는 안 된다고 하는 이가 있을지 모르나, 그가 하느님과 직접 대화를 나눌 수 있을 만큼 그를 위대하게 만든 은총만으로도 칭찬받을 만하다. 그리고 키루스를 비롯하여 왕국을 획득했거나 건설한 사람들에 대해 생각해보면 그들은 모두 훌륭하였다는 것을 알게 될 것이다. 왜냐하면 그들의 행동이나 특수한 제도를 연구하여볼 때, 아주 위대한 스승이었던 모세의 그것과 별로 다를 바가 없음을 느끼게 된다. 더욱이 그들의 행동과 생애를 조사해보면, 그들은 다

---

[1] 여기에서 열거한 인물 중 역사적 실존 군주는 페르시아의 키루스왕(재위 기간 B.C. 558~528)뿐이다. 그는 메디아, 리디아, 신바빌로니아를 멸망시켰고, 유태인을 해방시켰으며, 이집트를 제외한 동방 전체를 정복하였다. 모세는 《구약성서》에 나오는 고대 이스라엘의 예언자요 지도자며, 로물루스는 로마 건국의 아버지로 불리는 인물로 쌍둥이인 아우 레무스와 갓난아기 때 버려져 늑대의 젖을 먹고 자랐다 한다. 테세우스는 아테네 건국의 아버지로서 그리스 신화에 등장하는 인물로, 아테네의 사나운 소와 크레타 섬의 괴물이며 반인반우半人半牛인 미노타우로스를 주먹으로 때려잡은 무용담으로 유명하다.

이집트를 탈출한 이스라엘 백성들을 영도하는 모세

만 그들에게 소재를 제공해줄 수 있고, 이것으로 자기들이 좋아하는 사물의 형성을 가능하게 하였던 기회 이외에 아무런 행운도 입지 않았다는 것을 알 수 있다. 그러나 그런 기회가 없었더라면 그들의 정신력도 쓸모없이 소모되었을 것이고, 반면에 자질이 없었더라면 그런 기회도 아무런 소용이 없었을 것이다.

그러므로 이스라엘 백성이 모세를 따르고, 그들을 노예 상태에서 벗어나게 하기 위해서는 모세가 이집트에서 이집트인들에게 억압받고 있던 이스라엘 백성을 발견해야 하는 일이 필요하다. 마찬가지로 로물루스가 로마의 왕이 되고 로마의 건설자가 되기 위해서는 알바에 그대로 머무르는 것보다 태어나자마자 버림받은 아이가 되었던 것이 오히려 다행한 일이었다.2) 키루스에게는 메디아의 통치에 불만을 품고 있던 페르시아인과 오랜 평화로 인해 안일하고 나약해진 메디아인을 만나볼 필요가 있었다. 그리고 아테네인이 분열되어 있고 분산되어 있는 것을 보지 않았더라면 테세우스도 그의 위대한 능력을 발휘하지 못하였을 것이다. 이들을 성공하게 만든 것은 그들의 기회였으며, 이런 기회를 인식·포착하여 그들 조국의 영광과 번영으로 전환시킨 것은 오직 그들의 능력이었다.

자신의 능력으로 군주가 된 자가 그 성공을 굳히려면

이들과 마찬가지로 자신의 능력에 의하여 군주가 된 사람에게는 나라의 획득에는 어려움이 따르나 그것을 보전하는 일은 쉽다. 국가를 획득하는 데 따르는 어려움은 주로 그 나라의 건설과 보전을 위하여 강제적으로 도입하지 않으면 안 되는 새로운 법률과 제도에서 생겨난다. 지도자로서 새로운 통치 방법을 시행하려고 시도하는 것보다 실행에 있어 위험하고 어려우며 성공이 의심스러운 것도 없다. 왜냐하면 개혁을 단행하는 이는 낡은 질서 하에서 혜택을 입어온 모든 사람들을 그의 적으로 삼아야 하고, 또한 새로운 제도 하에서 혜택을 입게 될 사람들도 다만 소극적인 지지자에 지나지 않기 때문이다. 이러한 소극적인 기질은 한편으로는 그들에게 유리한 법률을 가지고 있는 반대자들의 공포심과 한편으로는 체험의 결과에 의하여 확인될 때까지 새로운 것의 가치를 결코 인정하지 않으려는 인간의 의심에서 생겨난다.

---

2) 로물루스와 레무스 형제는 알바의 왕 누미토르의 손자다. 태어나자마자 곧 버려졌으나, 성장한 후 조부의 왕위를 빼앗은 아물리우스를 죽이고 누미토르의 복위(復位)를 달성하였다. 그 후 형제는 로마에 새로운 도시를 건설하였다.

어쨌든 변화에 적의를 가진 자들은 공격을 가할 때는 언제나 당파적 열정을 가지고 달려들지만, 반면에 상대방은 그들 자신과 그들의 주장이 위험에 빠질 만큼 미약한 방어를 하게 된다. 그러므로 이 문제에 관한 분명한 이해를 위해서는 이 개혁자들이 자신의 힘으로 개혁을 추진하고 있는가, 아니면 제3자의 지원에 의지하고 있는가를 살펴보지 않으면 안 된다. 즉 그들의 목적을 수행하기 위하여 남을 설득해서 지지를 얻어내야 하는가, 아니면 자신의 힘만으로 달성할 수 있는가 하는 것이다. 전자의 경우는 항상 실패하며 아무것도 이루지 못한다. 그러나 자기 자신의 능력과 지혜에 의지하여 힘을 사용할 때는 거의 실패하지 않는다. 그렇기에 모든 무장한 예언자는 승리하고, 무장하지 않은 예언자는 모두 멸망하게 되는 것이다.

앞에서 말한 이유 이외에 인간의 본질은 변덕스럽다는 것을 마음에 새겨두지 않으면 안 된다. 그리고 민중을 설득하기는 쉽지만 그들을 그 설득 상태에 그대로 고정시켜두는 일은 매우 어렵다. 그러므로 그들이 더 이상 믿으려고 하지 않을 때에는 힘에 의하여 믿도록 하는 수단을 강구하여야 한다. 모세와 키루스와 테세우스와 로물루스도 무력을 갖추고 그들을 억압하지 않았더라면 장기간에 걸쳐 그들의 율법을 민중에게 지키도록 하지는 못했을 것이다.

그것은 오늘날 수도사(修道士)인 지롤라모 사보나롤라[3])에게서 그 예를 볼 수 있다. 그는 그에 대한 민중의 신뢰가 흔들리자마자 새

---

3) 지롤라모 사보나롤라(Girolamo Savonarola, 1452~1498). 이탈리아의 페라라에서 태어나 1475년 도미니크파의 성직자가 됨. 5년 뒤 피렌체로 옮겨가 산 마르코에서 설교하였다. 당시의 교회와 사제의 타락을 맹렬히 공격하고, 나아가 공화주의·자유주의를 주창했다. 1494년, 메디치 가(家)에 의해 추방되어 자유당의 영수로 추대되고, 기독교주의에 의하여 제도 개혁을 단행했다. 샤를 8세가 이탈리아에서 퇴각함과 동시에 지지 세력을 잃기 시작하였으며, 1497년 교황청의 명을 받들지 않아 파문당했다. 1498년 메디치가와 교황 지지 세력에 의해 권력의 자리에서 추방되었고, 그해 5월 23일 체포되어 화형에 처해졌다.

사보나롤라

로운 통치를 위한 그 자신의 제도 속에서 몰락했다. 그는 자신을 믿는 자들에게 믿음을 지속시켜줄 수 있는 수단을 가지지 못했으며 불신자들에게도 믿음을 주지 못했다.

그러므로 이런 사람들은 그들의 계획을 수행하는데 큰 어려움을 겪게 된다. 그리고 모든 일이 위험에 직면하게 되며, 그것은 다만 용기와 능력으로써 극복할 수 있다. 이러한 어려

사보나롤라의 화형식 광경

움을 극복하면 존경을 받게 되고, 또 그들의 훌륭한 능력에 질투를 느끼는 무리들을 타도하면 그들은 권세와 안전과 명예와 번영을 누리게 된다.

앞에서 인용한 훌륭한 실례에다가 사소한 예를 하나 덧붙이겠다. 양자 사이에는 어느 정도 관계가 있으므로 이와 비슷한 성질의 것을 이것으로써 대변할 수 있다고 생각한다. 시라쿠사 왕 히에론4) 의 예가 그것이다.

그는 평민 신분으로 시라쿠사의 왕이 되었으며, 그도 역시 기회 이외의 행운은 입지 않았다. 즉 압제받고 있던 시라쿠사인들이 그를 그들의 지도자로 선출하였으며, 그는 당연히 그들의 왕이 되고자 의무를 다했다. 일개 평민이었을 때에도 그의 능력은 매우 뛰어났으며, "왕으로서 그에게 부족한 것은 다스릴 왕국이 없다는 것뿐이다"5)라고 그에 관한 한 저서의 저자는 말하였다. 그는 종래의 군사제도를 폐지하고 새로운 군사제도를 실시하였으며, 기존의 동맹 관계를 폐기하고 새로운 동맹 관계를 수립하였다. 그리고 자신의 군대와 동맹군을 가지게 되자 그 기초 위에 그가 원하는 건물을 세우는 데에는 어려움이 없게 되었다. 국가를 처음 획득하는 데는 많은 어려움이 있었으나 획득한 것을 보전하는 데는 아무런 어려움도 없었다.

---

4) 히에론 2세. B.C. 306년에 태어나 B.C. 269년에 즉위. 선정을 베풀었다고 전해진다.
5) 이것은 폼페이우스 토로쿠스의 《필리피카의 역사(Historiae Philippica)》를 유스티누스가 요약한 것에서 인용했다고 생각된다.

제7장
타인의 무력에 의해 획득한 새 군주국

타인의 도움으로 군주가 된 자들의 실패에 대해서

평민 신분으로 단순히 행운에 의해 군주가 된 사람들은 군주가 되는 데는 별 어려움이 없었으나, 그것을 보전하는 데는 많은 어려움을 겪게 된다. 그들은 목적지까지는 나는 듯이 내달았기 때문에 그들의 앞길을 가로막는 장애물이 없었으나, 그들이 그곳에 도착하자마자 많은 어려움에 직면하게 된다. 이런 사람들은 금전에 의해서거나 또는 다른 사람의 호의에 의해서 나라를 양도받은 경우다. 다리우스 왕[1]이 자신의 안전과 영광을 위하여 그리스의 지도자들을 군주로 임명한 이오니아와 헬레스폰투스의 도시 국가에서 어려움이 많이 일어난 것이 그 예다. 또 군대에 뇌물을 줌으로써 일개 평민이 제왕의 권좌를 획득한 그런 황제[2]들의 경우에도 일어났다.

---

1) 다리우스 1세(재위 기간 B.C. 522~486). 그 광대한 페르시아제국의 영토를 약 20주로 나누어 그곳에 각각 참주(僭主)를 임명하여 통치하게 했다.
2) 마르쿠스 아우렐리우스에서 막시미아누스에 이르기까지의 로마 황제를 가리킨다. 《군주론》 제19장 참조.

이러한 군주들은 그들을 권력자로 만들어준 사람들의 뜻에 따라 권력을 유지할 수 있고 그들의 정치적 생명과 함께 운명을 같이해야 하는데, 이 두 가지는 불확실하고 불안정한 것이다. 그들은 그들의 지위를 유지하는 노력과 힘이 부족하다. 그들의 통치 방법이 탁월하지 못한 것은 그들에게 훌륭한 능력이나 역량이 없기 때문이며, 줄곧 평민 신분에서 살았기 때문에 통치하는 법을 배웠다고 기대할 수도 없다. 또한 그들은 힘이 부족한데, 그것은 그들에게 애착심과 충성심을 가진 군대가 없기 때문에 그러하다. 더욱이 갑작스럽게 일어난 나라는 급하게 생겨나서 빨리 성장하는 식물과 같이 악천후를 견딜 수 있는 뿌리를 가질 수가 없다. 정녕 이미 말한 바와 같이 갑자기 군주가 된 사람들은 그들의 무릎 위에 가져다 준 운을 지키는 방법을 빨리 배울 자질을 가지고 있지 못하며, 그리고 다른 이들은 군주가 되기 전에 해두는 기초 작업을 자신은 군주가 된 후에 하고 있다는 것을 깨닫지 못한다.

즉, 능력이나 행운에 의해서 군주가 되는 이러한 방법 중에서 우리의 기억 속에 남아 있는 예를 골라보겠는데, 특히 프란체스코 스포르차와 체자레 보르지아의 경우를 들어보려 한다.

프란체스코 스포르차는 적절한 수단과 탁월한 능력으로 평민 신분에서 밀라노 공작이 되었다. 그는 그것을 획득하는 데 무한한 노력이 필요했으나, 그것을 보전하는 데는 별 어려움이 없었다. 반면에 일반적으로 '발렌티노 공작'이라 불리는 체자레 보르지아는 그의 아버지[3] 덕분에 그의 왕국을 획득하였으나 그 운이 기울자 나라를 잃어버렸다. 비록 다른 사람의 무력이나 다른 사람 덕분[4]에

---

[3] 교황 알렉산데르 6세를 말한다.
[4] '무력'은 알렉산데르 6세의 명에 의해 로마냐 지방을 공격하였을 때 원조해준 프랑스 왕 루이 12세의 군대를 일컫고, '덕분'이란 체자레의 아버지가 교황인 것을 말한다.

발렌티노 공작 체자레 보르지아

그에게 양도된 나라를 잘 보전하기 위해서 분별 있고 능력 있는 사람이 취해야 할 모든 노력과 수단을 다하긴 하였지만 말이다.

아버지의 도움으로 군주가 된 발렌티노 공작의 분투

앞에서 이미 말한 바와 같이 처음에 기초 작업을 하지 못한 사람은, 만일 그가 뛰어난 자라면 나중에 기초를 쌓는 데 성공할지 모르나, 거기에는 건설자의 불편은 물론 건축 그 자체에도 위험이 따른다. 그런데 발렌티노 공작에 의해 취해진 다양한 방법들을 고려해보면, 그가 장래의 권력을 보전하기 위하여 얼마나 엄청난 기초를 쌓았는가를 알 수 있다. 새로 군주가 된 이에겐 그의 행동의 예보다 더 효과 있는 교훈도 없으므로, 그것을 여기서 검토해보는 것도 결코 쓸모없는 일은 아니라고 생각한다. 그리고 비록 그가 취한 방법이 궁극적으로 그에게 이롭지 못했다 할지라도, 그것은 그의 잘못이 아니라 특이하고도 극단적인 악운悪運에서 생겨난 것이었다.

알렉산데르 6세가 자기 아들 발렌티노 공작을 위대하게 만들려 한 과정에서 당시에도 또 앞날에 있어서도 많은 어려움에 부딪치지 않으면 안 되었다. 첫째 교황령의 나라[5]가 아닌 어떤 나라에도 그를 군주로 앉힐 방법을 발견하지 못했다. 한편, 만일 교황령에 속해 있는 어떤 나라를 그에게 주기 위해 빼앗으려 한다면 밀라노 공작[6]과 베네치아인이 동의하지 않으리라는 것을 그는 알고 있었다.[7] 파엔자와 리미니는 이미 베네치아인의 보호 하에 있었다. 더

---

5) 교황령에 속해 있는 지역 중 지배력이 실제로 미치지 못하고 있던 로마냐와 마루케 지역을 말한다. 교황과 체자레는 여기에 눈독을 들였다.
6) 밀라노 공작은 로도비코 모로로서 프란체스코 스포르차의 아들을 가리킨다.

욱이 이탈리아의 군대와 특히 그가 동원할 수 있는 군대는 교황권의 강대화를 두려워하고 있는 사람들, 즉 오르시니 가(家)와 코론나 가8) 및 그 추종자들의 손아귀에 있다는 것을 알았다. 그러므로 이들을 믿을 수 없었다.

따라서 필요한 것은 기존 질서를 깨뜨리고 이탈리아의 여러 나라를 혼란 속으로 몰아넣음으로써 그들 지방에 안전하게 군림하는 일이었다. 그리고 모종의 이유로 베네치아인이 프랑스군을 다시 한번 이탈리아로 끌어들일9) 계획이 있다는 것을 알게 되었을 때 이 교란은 쉽게 이루어졌다. 따라서 교황은 베네치아인들의 계획에 반대하지 않았을 뿐 아니라, 프랑스 루이 12세의 이혼을 허락해 줌으로써 계획을 더욱 쉽게 하였다.

루이 12세는 베네치아인의 권고와 교황 알렉산데르 6세의 동의에 의하여 이탈리아에 침입하였다. 루이 12세가 밀라노에 들어오자마자 교황은 그에게서 병력을 빌려서 로마냐에 대한 공격10)을 시작했고, 로마냐는 프랑스군의 명성에 의하여 즉각 굴복하고 말았다. 로마냐를 획득하고 코론나 가를 평정한 후에 발렌티노 공작은 정복을 추구·확대하려고 했으나 두 가지 장애가 가로막고 있었다. 하나는 자기가 거느린 군대가 미덥지 못하다는 것과, 또 하나는 프랑스 왕의 속셈이었다. 다시 말하면 지금까지 자신을 위해

---

7) 베네치아인은 피사와 전투를 하면서 끊임없이 영토를 넓혀 로마냐와 파엔자에 미쳤으며, 교황의 리미니 공격에 반대했다. 알렉산데르 6세 교황과의 강화는 1499년 9월에 체결되었다. 베네치아의 요구는 "파엔자와 리미니는 교황의 통치에 맡길 수 없으며, 그 외의 지방에 대해서는 아무런 제약이 없다"는 것이다. 그 후 체자레는 프랑스의 원조를 얻어 리미니(1500), 파엔자(1501)를 점령하고 말았다.
8) 오르시니와 코론나 두 가문은 로마의 유명한 귀족이다.
9) 베네치아는 롬바르디아 지방에 영토적 야심을 가지고 있었으며, 프랑스군을 불러들이려 하고 있었다. 교황은 이 계획에 반대하지 않았을 뿐 아니라 그것을 촉진시켰다.
10) 체자레 보르지아가 프랑스의 병력을 빌려서 행한 로마냐 공략을 일컫는다. 그 병력은 300명의 창기병(槍騎兵)과 4000명의 스위스 용병으로 이루어졌다. 공략의 이유는 로마 교회에 당연히 바쳐야 할 조공을 게을리 했다는 것이었다.

제7장 55

이용해온 오르시니 가의 군대가 그에게 등을 돌려서 나중에 그의 정복을 방해할 뿐 아니라, 그가 획득한 것을 빼앗아버리지 않을까 하는 염려와, 루이 12세도 같은 행동을 취하지 않을까 하는 두려움 이었다.

발렌티노 공작은 파엔자 점령 후 볼로냐 공격을 시작했을 때, 그의 군대들이 그 공격에 소극적인 태도를 보이자 오르시니 가를 의심했다. 루이 12세에 대해서는 발렌티노 공작이 우르비노 공국을 장악하고 토스카나 공격을 시작했을 때, 그가 이 공격을 저지하였으므로 그의 마음을 알 수가 있었다. 그러므로 발렌티노 공작은 타인의 무력이나 행운에는 더 이상 의지하지 않기로 결심하였다.

그리하여 그는 첫 조치로 로마에 있는 오르시니, 코론나 두 가문의 동맹을 약화시켰다. 그들의 동맹에 속해 있던 귀족들을 모두 자기의 귀족으로 만들고, 그들에게 충분한 보수를 주었으며, 그들의 지위에 알맞은 지휘권과 관직을 부여했다. 이렇게 하자 몇 달 안에 옛 당파에 대한 그들의 애착심은 사라지고 모든 희망을 오직 발렌티노 공작에게만 걸게 되었다. 그는 코론나 가의 무리들을 분산시킨 후에 오르시니 가의 우두머리들을 제거하기 위한 기회만 엿보고 있었다. 그 기회가 오자 그는 이것을 놓치지 않았다. 그때 발렌티노 공작과 로마 교황권의 강대화가 그들 자신을 무너뜨릴 것임을 깨닫게 된 오르시니 가는 페루지노의 마지오네에서 회합을 가졌다.[11] 이로 인해 우르비노의 반란과 로마냐의 소요가 일어나는 등 발렌티노 공작은 커다란 위험에 직면했으나, 프랑스의 도움으로 이 사건들을 극복하였다.

---

[11] 오르시니 가는 체자레 보르지아의 노도와 같은 침공을 저지하려고 1502년 10월, 페루지노 근교의 마지오네에서 비밀 회의를 열었다. 이 밀약의 결과 우르비노 등에서 반란이 일어났다.

이렇게 하여 자신의 명예를 회복한 발렌티노 공작은 더 이상 프랑스나 다른 외국의 원조에 의존하지 않았으며, 또한 공공연히 그들과 맞서는 것을 피하고 책략을 쓰게 되었다. 그리고 그는 자신의 계획을 교묘하게 숨기고 있었으므로, 오르시니 가는 파울로 전하의 중재로 공작에게 화해를 청해왔다.[12] 발렌티노 공작은 파울로에게 돈과 화려한 옷과 말을 주고, 대단히 우정어린 친절을 베풀어 안심시켰다. 어리석은 그들은 시니갈리아[13]에서 발렌티노 공작의 손아귀에 떨어졌다. 이렇게 하여 지도자들을 죽이고 그들의 추종자들을 자기편으로 만들어버렸으며, 우르비노 공국과 함께 로마냐 전체를 장악하게 되었을 뿐만 아니라, 로마냐의 모든 주민들이 그들의 행운을 기뻐하며 공작의 비위를 맞추게 됨으로써 공작은 자신의 장래 권력에 대한 튼튼한 기초를 충분히 쌓을 수가 있었다.

그가 이때 취한 방법은 음미해볼 만하고 남이 본받을 만한 가치가 있기에 나로서도 그냥 지나쳐버릴 수가 없다. 발렌티노 공작이 로마냐를 손에 넣은 후, 이 지역은 그들의 백성들을 바르게 통치하기보다는 도리어 약탈을 하고, 단결보다는 분열의 원인을 백성들에게 주는 무능한 제후들에 의해 지배되어왔다는 것을 발견하였다. 그러므로 이 지역은 강도와 폭동, 그리고 온갖 종류의 불법이 만연하고 있었다. 발렌티노 공작은 이 지역에 평화를 가져오며 그의 권위에 순종시키기 위해서는 강력한 지배와 함께 선정을 베풀 필요가 있다고 판단하였다. 따라서 그는 엄격하고 지혜로운 통치자인 메세르 레미로 데 오르코[14]에게 막대한 권한을 부여하여 로마냐에

---

12) 파울로 오르시니(1503년 사망)와 보르지아가 이모라에서 강화를 맺은 것은 1502년 10월이다.
13) 1502년 12월 말, 보르지아는 시니갈리아에서 비텔로초 비텔리 등을 교살하였다. 파울로 오르시니가 같은 방법으로 암살된 것은 정확히 다음해 1월이었다.
14) 체자레 보르지아의 보좌역인 레미로 데 오르코(Remirro de Orco)를 말한다. 1501년 로마냐 지방의 장관으로 임명되어 수완을 발휘했으나, 1502년 마지오네 마을에서 있

파견하였다. 그는 대단히 짧은 기간 내에 이 지역의 평온과 질서를 회복시켜 신뢰를 획득하였다.

그 후 발렌티노 공작은 그러한 무제한적인 권한 행사는 민중의 원한을 산다는 점을 염려하여 그것이 더 이상 필요하지 않다고 결정하였다. 그리고 이 지역의 중심지에 우수한 장관이 있는 민사 재판소를 설치하였고, 그 지역의 모든 도시는 그곳에 변호인을 두었다. 그리고 발렌티노 공작은 과거의 가혹함이 그에 대한 반감을 낳았음을 알고, 민중의 마음속에서 반감을 없애고 그들에게서 믿음을 얻기 위하여, 지금까지의 모든 잔인함은 공작 자신에 의해 생겨난 것이 아니라 부하의 거친 성질에서 비롯되었음을 나타내 보이기 위해 노력했다. 이러한 구실을 만들기 위해 어느 날 아침, 체세나의 광장에서 레미로 데 오르코의 목을 자르고 그 옆에 그의 목을 자르는데 사용한 받침 나무와 피 묻은 도끼를 놓아두었다. 이 잔인한 광경을 보고 민중들은 깜짝 놀라는 동시에 만족을 느꼈다.

발렌티노 공작의 몰락에 관하여

이제 다시 본론으로 되돌아가자.

발렌티노 공작은 자신의 군대를 갖추었고 가까이에서 그를 위협하던 장애를 대부분 제거하자, 그 자신은 상당히 강력하게 되고 당면한 위험에 대해 안전을 유지할 방법을 발견하였다고 하겠다. 만일 그가 정복을 계속하려고 했다면 처리해야 할 것은 프랑스 왕이었다. 왜냐하면 늦게나마 공작의 세력 증대가 자신의 실수임을 알

었던 비밀회의와 관계가 있다는 이유로 체세나의 광장에서 살해되었다.

아차린 루이 12세로부터 더 이상의 지지는 기대할 수 없을 것임을 알았기 때문이다. 그러므로 그는 새로운 동맹국을 찾기 시작했으며, 프랑스 왕과는 사이를 멀리하기 위해, 가에타를 포위하고 있던 스페인군과 싸우기 위해서 나폴리 왕국으로 진격하고 있던 프랑스에 대해 기회주의적인 태도를 취했다. 그의 목적은 프랑스에 대해서 자기 자신의 안전을 기하는 것이었다.

  만일 교황 알렉산데르 6세가 살아 있었더라면 그는 곧 성공하였을 것이다. 이것이 당면한 위급 사태에 대처하기 위해 그가 취한 노선이었다. 장래에 대해 생각할 때 로마 교회의 새로운 계승자는 그의 편이 된다고 할 수 없으며, 교황 알렉산데르 6세가 그에게 부여한 것을 빼앗으려 할지 모른다는 근심을 하지 않을 수 없었다. 그러기에 그는 네 가지 방책을 취하려고 생각했다. 첫째 그가 일찍이 탈취한 나라의 제후들의 혈통을 모조리 근절시킴으로써 새 교황과 결탁하지 못하게 하는 것, 둘째 가능한 한 모든 로마 귀족들을 회유하여 교황을 견제하는 데 그들의 도움을 얻는 것, 셋째 되도록이면 추기경단樞機卿團을 자기 통제 하에 두는 것, 넷째 그의 아버지인 현재의 교황이 죽기 전에 그의 권위를 확고히 하여 첫 공격의 충격을 견딜 수 있게 하는 것이었다.

  이 네 가지 방책 중 교황 알렉산데르 6세가 사망할 때까지 이미 세 가시는 달성하였고, 네 번째 것도 거의 달성해가고 있었다. 그가 장악한 국가의 제후는 가능하면 살해해버렸으며, 재난을 면한 자는 거의 없었다. 또 그는 로마 귀족들을 자기편으로 끌어들였으며, 추기경의 절대 다수를 자기편으로 만들었다. 나아가 새로운 영토 정복을 위해서 토스카나의 지배자가 되려고 계획했다. 그는 이미 페루지노와 피옴비노를 점령하고 피사를 그의 보호 하에 두어 그 도시에서 떨쳐 일어나려하고 있었다. 프랑스에 대해서는 더 이상 염려할 필요가 없어졌는데, 왜냐하면 프랑스군은 이미 스페인군에 의해 나폴리 왕국에서 쫓겨났고 그런 상황 하에서 쌍방이 다같이 발렌티노 공작의 호의를 필요로 했기 때문이다. 발렌티노 공작은 이런 상황이 되자 재빨리 피사를 탈취했고, 루카와 시에나는 피렌체에 대한 질투와 공작에 대한 공포로 인해 곧 항복하였으며, 피렌체 공화국의 지위도 절망적이 될 수밖에 없었다.

교황 알렉산데르 6세가 죽으면 바로 수행하려 했던 계획을 발렌티노 공작이 매년 수행했더라면, 다른 사람의 세력이나 운에 의지함이 없이 그 자신의 세력과 능력만으로도 설 수 있는 힘과 명성을 획득했을 것이다. 그러나 그가 처음 칼을 뺀 때로부터 5년 만에 알렉산데르 6세는 죽었고,[15] 그의 아들인 발렌티노 공작에게 확실하게 남겨준 것이라고는 로마냐 영토뿐이었으며, 나머지는 모두 적대하는 두 강대국, 즉 프랑스와 스페인 사이에 끼여 불안정하였고, 발렌티노 공작 자신도 중병에 걸려 있었다.

그렇기는 하지만 발렌티노 공작은 대단한 정열과 용기를 가졌었다. 그는 민중을 어떻게 회유해야하며 또 어떻게 하면 잃게 되는가를 잘 알고 있었다. 매우 짧은 기간이었으나 그가 쌓은 토대가 견고한 것이었음을 생각해볼 때, 만일 이들 강대국의 군대가 그를 공격하지 않고 또 그의 건강이 좋았더라면 그는 모든 어려움을 극복하였을 것이다.

그의 기초가 얼마나 튼튼하였는가는 다음 사실에 의해 알 수 있다. 즉 로마냐는 중태에 빠진 그를 한 달 이상이나 조용히 기다렸고, 로마에서는 병으로 거의 죽어가고 있었으나 신변을 안전하게 유지할 수 있었다는 점, 바리오니 가와 비텔리 가와 오르시니 가의

---

[15] 교황 알렉산데르 6세는 1503년 8월 18일 열병으로 세상을 떠났다.

무리가 당시 로마에 왔었는데도 그들은 그에게 반역을 꾀하지 않았다는 점이다. 또 그는 비록 그가 좋아하는 이를 교황의 자리에 앉히지는 못했으나 적어도 그가 싫어하는 이의 선출을 방해할 수는 있었다. 교황 알렉산데르 6세가 죽었을 때, 그가 건강하기만 했더라도 그에겐 모든 일이 어렵지 않았을 것이다. 율리우스 2세가 교황에 선출되었을 때, 발렌티노 공은 나에게 이렇게 말했다.

"교황인 아버지가 죽음으로써 일어날 일들을 나는 예견하였고 그 대책도 준비하고 있었다. 그러나 아버지가 죽었을 때 나 역시 죽음의 문턱16)에 있게 되리라는 것은 결코 예측하지 못했다."

발렌티노 공작이 취한 모든 행동을 생각해보면 그를 비난할 수는 없다. 아니, 오히려 이미 말한 바와 같이 행운이나 타인의 세력으로 권좌에 오른 모든 군주가 본받아야 할 인물로서 그를 추천하는 것이 합당하다고 생각한다. 왜냐하면 어떤 사람이 위대한 용기와 숭고한 정신력을 가지고 있다 하더라도 그가 한 것 이상의 것은 할 수 없기 때문이다. 그리고 그의 계획이 실패했던 유일한 이유는 그의 아버지의 단명短命과 그 자신의 병이었다.

그러므로 새로 획득한 국가에 있어서는 적으로부터 자기 자신을 지킬 것, 자기편으로 끌어들일 것, 힘 또는 계략에 의해 정복할 것, 주민으로부터 사랑받음과 동시에 우러러보며 존경하도록 할 것, 냉사로부터 손성받고 그들을 복종하게 할 것, 군주를 해칠 수 있고 또 해치려 하는 자들을 제거해버릴 것, 낡은 제도를 새 제도로 개혁할 것, 엄격함과 동시에 정중하고 관대하면서도 인심이 후할 것, 반항적인 군대를 해산하고 새로운 군대를 조직할 것, 자기를 돕는 것이 그들의 이익이 되고 자기의 기분을 상하게 하면 위해가 따른

---

16) 발렌티노 공작은 말라리아에 걸려 죽을 뻔 했는데, 그와 마키아벨리는 몇 차례 만난 적이 있다.

다는 관계에 바탕해서 국왕 및 제후들과 친교를 유지하는 것 등이 필요하다고 판단하는 사람에게는 그의 행동만큼 빛나는 예는 드물 것이다.

그러나 다만 한 가지 비난받을 만한 일은 선택을 잘못하여 율리우스 2세를 교황으로 선출한 일이다.[17] 왜냐하면 이미 말한 바와 같이 그는 비록 자기가 바라는 이를 교황으로 선출하지는 못하였

교황 율리우스 2세

으나 어떤 사람이 교황이 되는 것을 방해할 수는 있었기 때문이다. 그러므로 그가 박해한 추기경이나, 또 교황이 되어 그에게 두려움을 줄 추기경 중에서 교황을 선출하는 일에는 결코 동의해서는 안 되었을 것이다. 왜냐하면 공포심이나 증오심이 원인이 되어 적이 될 위험성이 있기 때문이다. 특히 그가 박해한 사람들은 산 피에로 아드 빈쿠라,18) 코론나, 산 조르조와 아스카니오 등이다. 담보와즈와 스페인의 추기경들(후자는 동맹 관계와 의무에서, 전자는 프랑스와 동맹 관계를 맺고 있는 힘을 배경으로 그를 두려워하지 않았다)을 제외한 나머지 사람들은 모두 교황이 되면 그를 두려워할 이유를 가졌다. 그러므로 발렌티노 공작은 첫째로 스페인 출신의 누군가를 교황으로 앉힐 노력을 하지 않으면 안 되었다. 그것에 실패하면 담보와즈의 선출에 동의해야만 했으며, 산 피에로 아드 빈쿠라의 선출에 동의해서는 결코 안 되었던 것이다.

위대한 인물은 대개의 사람들이 새로운 은혜 때문에 옛 원한을 잊어버리게 된다고 믿는데 그것은 잘못된 생각이다. 그러므로 발렌티노 공작은 이 선거에서 실수를 저질렀으며, 이것은 그의 궁극적인 파멸의 원인이 되고 말았다.

---

17) 발렌티노는 담보와즈 추기경을 교황으로 삼으려 하였다. 그러나 추기경 산 피에로 아드 빈쿠라(율리우스)가 처음 보르지아에게 협력을 약속하였기 때문에 발렌티노 계(系)의 추기경은 율리우스에게 표를 던져서 그가 교황에 선출되었다. 그러나 그는 약속을 지키지 않았다. 뿐만 아니라 알렉산데르 6세와 율리우스 2세 사이에 피우스 3세가 재위하였으나, 이 교황은 대관식도 하기 전에 병으로 죽었다.
18) 교황 율리우스 2세는 추기경으로 재직 중이던 그의 관할하의 교구 이름에 따라 산 피에로 아드 빈쿠라 추기경으로 불리고 있다.

제8장
부도덕한 행위로 군주가 된 사람들

 그런데 일개 평민 신분에서 군주가 되는 데는 두 가지 방법이 있으나, 그것을 전적으로 자신의 능력이나 운 때문이라 할 수는 없다. 그 하나에 관해서는 공화국을 논할 때에 보다 충분히 검토하기로 하겠지만, 여기서 그 문제를 언급하는 것도 괜찮을 것이라 생각한다.
 내가 말한 두 가지 방법이란, 첫째 사악하고 범죄적인 수단으로 군주의 지위에 오르는 경우와, 둘째 일개 평민이 동료 시민들의 호응을 얻어 그 나라의 통치자가 되는 경우다.
 첫번째 방법에 대해서 두 가지 실례를 들어 설명하고자 한다. 하나는 오래 된 것이고 다른 하나는 최근의 것인데, 이러한 예를 본받으려고 하는 사람에게는 이 두 가지 예를 드는 것으로 충분하기에 이 논제의 장점에 대해서는 더 이상 깊이 다루지 않겠다.

악랄하기 짝이 없던 아가토클레스

시칠리아의 아가토클레스[1]는 일개 평민일 뿐만 아니라 가장 비천한 계급 출신이었지만 시라쿠사의 왕이 되었다. 그는 도공陶工의 아들로 태어나서 평생 동안 잔혹한 생활을 했다. 그러나 그의 악덕은 정신적·육체적 활기와 연결되어 있었다. 그는 군軍에 입대하자마자 군대의 다양한 계급을 거쳐 시라쿠사의 집정관이 되었다. 그 지위에 오르자 곧 군주가 되어 지금까지 자동적으로 그에게 위임된 권위를 다른 사람에 대한 의무감 없이 폭력에 의하여 유지하려고 결심하였다. 이러한 목적을 수행하기 위해 당시 시칠리아에서 전쟁을 하고 있던 카르타고군의 하밀카르에게 그의 계획을 알려주어 동의를 얻은 뒤, 어느 날 아침 국정에 관한 중요한 논의가 있는 것처럼 꾸며 시라쿠사 시민들과 원로들을 소집하였다. 그런 후에 미리 짜놓은 신호에 따라 그의 병사들이 원로원의 원로들과 부유한 자들을 모두 죽여버렸다. 그 후 그는 시민들의 저항 없이 주권을 장악하였다.

그는 나중에 카르타고군에게 두 번이나 패전하였고 마침내 포위까지 당했으나, 자기의 도시를 잘 방위하였을 뿐만 아니라 군대의 일부를 남겨 도시를 지키게 하고는 나머지 병력을 이끌고 아프리카를 침공하였다. 이로 인하여 단시일 내에 시라쿠사의 포위는 풀리고 카르타고군은 극단적인 궁지에 몰려서 그와 화해하지 않으면 안 되게 되었으며, 결국 시칠리아를 포기하고 아프리카에만 만족하게 되었다.

아가토클레스의 이러한 행동과 업적을 검토해본 사람이라면 누

---

1) 아가토클레스(Agathocles, B.C. 361~289). 시라쿠사의 전제 군주. 평민으로 군주에 올라 지중해 일대를 전쟁으로 몰아넣었으며 독살당했다.

구나 그에게는 운으로 돌릴 만한 것이 거의 없거나 전혀 없다는 것을 알게 될 것이다. 앞에서 말한 바와 같이 그는 누구의 호의에 의해서가 아니라 군대의 정규 계급을 하나씩 올라가, 수많은 어려움과 위험을 치르고서 군주의 지위에 도달했으며, 그 후에도 심지어 무모하기조차 했던 굳센 용기로 그 자리를 유지하였다. 그러나 동료 시민을 죽이고 친구를 배반하며 체면도 동정심도 신앙심도 없는 것을 '능력'이라고 할 수는 없다. 이러한 수단으로 권력을 장악할 수는 있으나 영광을 획득할 수는 없다.

여하튼 아가토클레스가 어려움을 당하고 위험을 극복할 때의 용기와, 고난을 견디고 극복할 때 그의 정신의 굳건함은 종래의 위대한 장군들에 비해 손색이 없다. 그러나 그의 악랄하기 짝이 없던 잔인함과 비인간성, 헤아릴 수 없는 부도덕한 행위 등이 그를 위인의 대열 속에 넣는 것을 허용치 않는다. 그러나 운도 능력도 없이 그가 달성한 바를 운이나 능력의 탓으로 돌릴 수는 없다.

숙부를 죽인 올리베로토

오늘날에 있어서의 예는 교황 알렉산데르 6세 치하에서 어려서 고아가 되어 외숙부인 조반니 폴리아니의 손에서 자란 페르모의 시민 올리베로토[2]를 들 수 있다.

그는 청년 시절에 파울로 비텔리[3]의 부하로 종군하였으며, 그

---

2) 올리베로토(Oliverotto)에 관해 여기서 극적으로 묘사하고 있는 사건은 1501년 12월에 일어났다. 1년 후 올리베로토는 체자레 보르지아의 함정에 빠져 비텔로초 비텔리 등과 함께 시니갈리아에서 살해되었다.
3) 파울로 비텔리(Paulo Vitelli)는 15세기 후반에 활약한 전형적인 용병 대장이다. 피사의 전투에 파엔자의 사령관으로 고용되었으나 장기간에 걸친 피사 공격 때(1499년 가을), 배반 혐의를 받고 사형에 처해졌다.

장군 밑에서의 훈련을 통해 군인으로서 출세할 수 있을 것으로 기대하였다. 파울로가 죽은 뒤 그의 동생인 비텔로초4) 밑에서 복무하였는데, 날카로운 기지와 대담성과 결단력을 지녔으므로 짧은 기간 안에 그 부대의 제일인자가 되었다. 그러나 다른 사람 밑에서 봉사하는 것은 바람직한 일이 아니라고 생각한 그는 비텔로초 가의 호의와 조국의 자유보다는 노예 상태를 택하는 페르모의 일부 시민들의 협조를 얻어 페르모 시를 점령할 계획을 세웠다.

이에 따라 그는 외숙부인 조반니 폴리아니에게 편지를 쓰면서, 오랫동안 집을 떠나 있었으므로 고향에 돌아가 숙부님도 뵙고 자기의 상속 재산도 살펴보고자 한다는 뜻을 피력했다. 그리고 자기가 이제까지 노력한 것은 오직 명성을 얻기 위해서이며 부질없이 세월을 보낸 것이 아니라는 것을 시민들에게 알려주기 위해 추종자들인 100명의 기사를 이끌고 당당하게 돌아가고 싶다고 제의했다. 그러므로 페르모의 시민도 예를 갖추어 환영할 준비를 해주어야 할 것이며, 이는 다만 자기 자신만이 아니라 자기를 길러준 숙부님에게도 영예가 될 것이라고 간청했다. 그래서 조반니는 조카에 대해 진정한 정성을 베풀고 시민들에게도 정중하게 환영하게 한 후에 조카를 자기 집에 묵게 했다.

올리베로토는 페르모에서 며칠을 보냈고, 그의 계략을 수행하기 위한 모든 준비를 하였다. 그리고 그는 의례적인 연회를 베풀어 그의 숙부와 페르모 시의 모든 주요 인사들을 초대하였다.5) 식사가 끝나고 그러한 연회에 어울리는 여흥도 끝나자, 올리베로토는 재치 있게 중요한 문제로 화제를 돌리며 교황 알렉산데르 6세와 그의

---

4) 비텔로초 비텔리(Vitellozzo Vitelli)는 1498년에서 1499년에 걸친 파엔자의 용병 대장으로 마지오네 회의에 참가하였고, 1502년 시니갈리아에서 살해되었다.
5) 1501년 12월 26일, 즉 크리스마스 다음날의 일이다.

아들 체자레의 위대함과 그들의 계획에 대해 이야기하였다. 그러자 조반니와 다른 사람들이 그것에 대해 응수를 하자 올리베로토는 돌연히 일어서서, 이러한 문제는 보다 더 은밀한 장소에서 토론해야 한다고 말하면서 다른 방으로 옮기자고 했다. 그래서 숙부 조반니와 다른 사람들도 그를 따라갔다. 그들이 자리에 앉자마자 잠복해 있던 병사들이 뛰어나와 조반니와 다른 시민들을 모조리 죽여버렸다.

그러고 나서 올리베로토는 말을 타고 시내를 행진하여 장관이 있던 정부청사를 포위해버렸다. 이렇게 되자 모든 사람들은 공포에 떨며 복종하게 되었고, 그를 우두머리로 하는 새 정부를 받아들일 수밖에 없었다. 불만을 품고 그에게 맞설 수 있는 자들은 모두 죽여버렸으며, 내치內治와 군사에 관한 새로운 법령으로 자신을 강화시켰다. 이렇게 하여 군주의 지위를 획득한 지 1년 만에 그는 그 도시에서 확고한 지위를 유지하였을 뿐만 아니라, 모든 이웃 나라들도 그를 두려워하게 되었다.

이미 앞에서 말한 것처럼 오르시니와 비텔리 두 가문이 시니갈리아에서 체자레 보르지아의 올가미에 걸렸을 때, 올리베로토가 만일 보르지아의 술책에 걸리지 않았더라면 그를 무너뜨리는 것은 아가토클레스를 무너뜨리는 것만큼 어려웠을 것이다. 그는 숙부를 죽인 범죄를 저지른 1년 후에 시니갈리아에서 용기와 악덕으로는 그의 스승이었던 비텔로초와 함께 목 매달렸다.

잔인함은 최대한 짧게 보이고 은혜는 최대한 계속 베푼다

아가토클레스와 그 외의 사람들이 배반과 잔인한 행동을 무수히 했음에도 불구하고, 자기 나라에서 오랫동안 평안하게 살 수 있었고, 외적으로부터 자신을 지키고 동료 시민에 의한 모반이 없었던 것은 무슨 까닭일까? 다른 많은 지배자들은 그들의 잔인함 때문에 위험한 전쟁 때는 말할 나위도 없고 평화로울 때에도 그들의 자리를 유지하는 데 실패하지 않았던가?

이 결과는 잔인함의 선용善用이나 악용에 의해 좌우된다고 나는 생각한다.

만일 악에 대해서도 '선용'이라고 말하는 것이 허용된다면, 이러한 잔인함이 선용되었다는 것은 자기 보존의 필요에서 단 한 번 그것을 행사했더라도 그 후에는 이것에 집착하지 않고 다스림을 받는 사람들의 이익으로 변화시키는 한에서만 그렇게 말할 수 있다. 잔인함을 악용했다는 점에 있어 한번 악용된 잔인함은 처음에는 작을지 몰라도 시간이 지남에 따라 줄어들지 않고 오히려 늘어나게 된다. 첫째 방법을 따르는 사람은 아가토클레스의 경우처럼 신과 인간의 호의로 그들의 국가에 다소나마 기여를 할 수 있었겠지만, 둘째 방법을 적용한 사람은 그들 나라에서 그들 자신조차 유지할 수 없을 것이다.

그러므로 한 나라를 빼앗을 경우, 찬탈자는 그가 가하지 않으면 안 될 가해 행위를 날마다 되풀이하지 말고 한 번의 타격으로 모든 것을 마칠 수 있도록 해야 하고, 또한 이 가해 행위를 중지하여 민심을 안정시키고 은혜를 베풀어서 민심을 얻도록 하는 교훈을 배워야 할 것이다. 겁을 주거나 잘못된 건의에 따라 이와 반대되는 입장을 취한 사람은 항상 칼을 빼들고 있어야 하며, 나중에는 그의 신하들마저 믿을 수 없게 된다. 신하들도 자신들의 군주로부터의 계속적이고 부단한 새로운 위협 때문에 군주에게 신뢰감을 가질 수가 없게 된다. 따라서 가해 행위는 단번에 일시적으로 취해져야만 하며, 그로 인한 영향이 일시적이면 사람들의 고통도 그만큼 적어질 수 있다. 한편 혜택은 사람들이 보다 충분히 맛보게끔 조금씩 주지 않으면 안 된다.

그러나 무엇보다 먼저 군주는 좋은 상황에서든 언짢은 상황에서든 자신의 계획을 바꾸는 일이 없도록 백성들과 함께 살아야만 한다. 왜냐하면 만일에 위기상황으로 인해 그의 계획을 바꿀 필요가 생겼을 때는 필요한 조치를 취하려 해도 때는 이미 돌이킬 수 없이 늦어지고 말기 때문이다. 이러한 때 백성들에게 그 어떤 자비를 베푼다 해도 그것은 소용없는 것이 되는데, 그것은 어쩔 수 없이 베푼 것으로 간주되고, 그렇기에 그것에 대해 아무런 감사도 받지 못하게 되기 때문이다.

제9장

시민형 군주국

민중의 지지를 받는 군주와 귀족의 지지를 받는
군주의 차이

그러면 이제 평민의 신분으로 군주가 되는 두번째 방법, 즉 사악한 방법이나 폭력에 의하지 않고 동료 시민의 호의에 의하여 군주가 되는 경우를 말하겠다. 이것을 '시민형 군주국'이라고 할 수 있을 것이다.

이의 달성은 커다란 용기나 능력이나 행운에 좌우되는 것이 아니라, 오히려 운이 따르는 민첩함에 의거한다. 그러므로 이런 군주의 지위에 오르는 경우는 민중의 호의와 귀족의 지지에 의한다. 왜냐하면 민중은 귀족에 의한 지배와 억압을 원하지 않고, 귀족은 민중을 억압하고 지배하려고 하기 때문에 모든 국가에는 두 개의 대립하는 당파[1]가 나타나게 된다. 그리하여 상반되는 두 가지 요구로 인해 그들 도시에는 군주정, 공화정, 무정부 상태의 세 가지 형

---

1) opposedhumours, 대립하는 기질 혹은 성질을 말하나, 여기서는 '대립하는 당파'를 뜻한다.

태 중 어느 하나가 반드시 생겨난다.

군주정은 민중이나 귀족의 의지에 따라 이 두 파 가운데 어느 한쪽이 다른 쪽을 압도하고 기회를 포착하게 된다. 왜냐하면 귀족이 민중과 대항할 수 없다고 생각하게 되면 그들 동료 중 한 사람의 명예와 영향력을 높여 그를 군주로 삼는다. 그리고 나서 그의 세력 하에서 자유롭게 그들의 욕망을 취하게 된다. 한편 민중도 귀족에 대항할 수 없다는 것을 알게 될 때, 한 시민에게 명예와 영향력을 부여하여 그를 군주로 만든 후, 그들은 그의 권위에 의해 보호를 받는다.

귀족의 지지를 받고 군주가 된 자는 민중의 지지로 군주가 된 자보다 자신을 보전하는 데 훨씬 큰 어려움을 겪게 된다. 왜냐하면 귀족의 지지로 군주가 된 자는 그 주위에 군주와 대등하다고 생각하는 동료들이 많으며, 이 때문에 그는 자기 뜻대로 지배하거나 통치할 수 없다. 그러나 민중의 지지를 받고 군주가 된 사람은 자유로우며, 그의 주위에 복종하려 하지 않는 이는 전혀 없거나 있다 하더라도 매우 적다. 더욱이 다른 사람들에게 피해를 주는 일 없이 군주의 명예만을 가지고 귀족들을 만족시킬 수 없지만, 똑같은 방법으로 민중들을 만족시킬 수는 있다. 민중의 요구는 귀족의 그것보다 훨씬 소박한 것이며, 귀족은 억압을 하려는 반면 민중은 억압당하지 않으려고 한다.

여기에 덧붙여 말한다면, 민중은 다수이기 때문에 이들을 적대시하는 군주는 안전을 유지할 수 없으나, 귀족은 소수이므로 귀족을 적대시하더라도 안전을 유지할 수 있다. 군주가 민중을 적대시했을 때 일어날 수 있는 최악의 사태는 민중이 그를 외면하는 일이다. 군주가 귀족을 적대시할 때는 그들에게 외면당하는 것을 두려워해야 할 뿐 아니라 그들의 반항도 두려워해야 한다. 왜냐하면 귀족은 교활하고 선견지명이 있기에, 그들은 항상 사전에 자신의 안전을 꾀하고 또 승리할 것이라고 생각되는 편에 붙으려 하기 때문이다. 게다가 군주는 항상 민중과 생활을 함께하지 않으면 안 된다. 하지만, 귀족이 없어도 정권을 유지할 수는 있다. 그리고 군주는 자신의 뜻대로 귀족을 언제든지 만들거나 없앨 수 있고 또 그들에게 권력을 주거나 빼앗을 수 있다.

그런데 이 논점을 보다 명확히 하기 위해 말하고 싶은 것은 귀족들은 다음과 같은 차이가 있다는 것이다. 그것은 귀족들이 전적으로 군주의 운명에 그들 자신을 결부시키고 있는가, 그렇지 않는가 하는 점이다.

그들 자신을 군주에게 결부시키고 있으면서도 탐욕하지 않는 자는 사랑하고 예우해야 한다. 그들 자신을 군주에게 결부시키지 않는 자에 대해서는 다음과 같은 방법으로 다뤄야 한다. 소심하거나 타고난 용기의 부족으로 복종하지 않는 경우의 사람들은 등용하지 않으면 안 된다. 그들 가운데 분별 있는 자에 대해서는 특히 그러하다. 그렇게 하면 그들은 번영할 때에는 군주를 존경하고, 군주가 위기에 처해 있더라도 군주는 그들을 두려워할 이유가 없기 때문이다. 그러나 고의나 야심적 목적으로 군주를 가까이하려 하지 않는 사람들이 있다. 그들은 군주보다 자신의 일을 더 생각하는 부류나. 군주는 이런 사람들을 경계하고 이들을 공개적인 적으로 간주해야 한다. 그들은 유사시에 군주에게 등을 돌리고 군주의 파멸을 조장하기 때문이다.

군주는 민중이 자신의 필요성을 항상 인식하게끔 해주어야 한다

　민중의 지지에 의해 군주가 되는 이는 항상 민중과 친선 관계를 유지해야 한다. 군주에게는 그렇게 하는 것이 어렵지 않다. 왜냐하면 민중은 억압당하지 않는 것만을 요구하기 때문이다. 그러나 귀족의 지지로 민중의 의사에 반하여 군주가 된 이는 무엇보다도 먼저 민중의 환심을 사도록 노력하지 않으면 안 된다. 그것은 민중을 그의 보호 하에 두기만 하면 쉽게 이루어진다. 왜냐하면 사람이란 해를 가할 것이라고 생각한 사람이 은혜를 베풀면 그 은혜를 베푼 자에게 더 큰 호감을 느끼게 되기 때문이다. 민중은 그들의 지지로 군주가 된 이보다도 그들을 보호해주는 군주에게 더 많은 호감을 가지게 된다.[2] 군주가 민심을 획득하는 방법은 많이 있으나 그것은 상황에 따라 달라지며, 여기서 일정한 법칙을 주장할 수 없기에 더 이상의 것은 생략하겠다.

　그러나 결론적으로 말하자면, 군주는 민중과 친밀한 관계를 유지하는 것이 중요하다. 그렇지 않으면 역경에 처했을 때 대책을 세울 수가 없다.

　스파르타의 군주 나비스[3]는 그리스 전체에 대한 승리로 의기양양해진 로마군의 공격으로부터 그의 조국과 왕좌를 지켰다. 그가 이러한 위기에 직면했을 때, 소수의 적대적인 신하에 대해서는 자신의 안전만을 꾀하면 될 수 있었겠지만, 그가 민중을 적대시하였더라면 그들을 감당해내지 못했을 것이다.

---

2) 여기에서도 마키아벨리의 대중 심리에 대한 예리한 고찰이 나타난다.
3) 나비스(Nabis)는 스파르타의 왕으로(재위 기간 B.C. 206~192), 마케도니아의 필리포스 5세와 제휴하여 펠로폰네소스 지방을 공략했으나 그 뒤 로마군에 의해 암살되었다.

그런데 내가 말한 것에 대해 '민중을 토대로 하는 자는 진흙 위에 집을 짓는 것과 같다'는 낡은 격언을 인용해 반박하지 않기를 바란다. 일개 평민 신분으로 군주가 된 사람이 그의 적이나 귀족에게 위협을 당했을 때, 민중의 지지를 받고 있으니 민중에 의한 구원을 받을 것이라 생각할 경우 이 격언은 진실이라 하겠다.

이러한 경우, 즉 로마의 그라쿠스 형제[4]와 피렌체의 조르조 스칼리[5]에게 일어난 경우와 같이 그들은 자신들이 민중에게 기만당하고 있음을 알게 될 것이다. 그러나 어떤 군주가 민중 위에 토대를 구축하였으면서도 지휘를 잘하고 위기에 처했을 때도 정신력을 잃지 않고 용기와 인내로 사회 전체에 활기를 불어넣으면서 신중한 방어 태세를 게을리 하지 않는다면, 그는 민중에 의하여 배신당하는 일도 없고 그의 토대를 훌륭히 다질 수 있을 것이다.

이러한 부류의 군주국에서의 가장 중대한 위기는 시민정치에서 전제정치로 바뀔 때다. 그리고 이러한 군주들은 직접적으로나 또는 집정관들을 통하여 그들의 권력을 행사하는데, 후자의 경우에는 군주들의 지위가 한층 약해지고 위험해진다. 왜냐하면 군주는 집정관으로 임명한 자들의 힘에 전적으로 좌우되고, 그리고 집정관들은 특히 위기에 처하게 되면 군주에게 반항하거나 복종하지 않거나 하여 쉽게 군주의 권력을 빼앗아버릴 수 있기 때문이다. 더구나 위기에 처하여 군주가 절대적 권력을 행사할 시간적 여유 또한 없게 된다. 왜냐하면 집정관의 명령을 늘 받아온 시민들과 영지의 주민들도 위기를 당해서는 군주의 명령을 들으려 하지 않으며,

---

4) 로마 공화제 말기의 개혁자로 형은 티베리우스, 아우는 가이우스다. 귀족의 세력을 억누르기 위하여 민중 편에 서서 호민관으로 활약했으나 결국 민중의 지지를 잃고 말았다.
5) 조르조 스칼리(Giorgio Scali). 피렌체의 정치가. 피렌체의 소모공梳毛工들이 일으킨 '촘피의 난亂'의 지도자. 공화국의 정권을 빼앗아 성공한 듯 보였으나, 곧 민중의 지지를 잃고 부유한 시민들의 반격을 받아 1382년에 망했다.

따라서 그러한 위급할 때에 군주가 신뢰할 수 있는 이는 언제나 극소수다.

그러기에 이러한 군주는 시민들이 국가의 필요성을 느끼고 있던 평화로운 시기에 본 것에 의지해서는 안 된다. 평화로울 때에는 모든 사람들이 군주를 위해 뛰고 서약하며, 그리고 죽음의 위험이 임박하지 않을 땐 누구나 군주를 위해 죽음도 마다하지 않겠다고 서약한다. 그러나 막상 위험이 닥쳐 군주가 그러한 시민을 정말로 필요로 할 때가 되면 그런 시민은 거의 찾아볼 수 없다. 이런 경험은 다만 한 번밖에 할 수 없기 때문에 위험은 더욱 크다.

그러므로 현명한 군주는 언제나, 유리하든 불리하든 간에 시민들이 국가와 군주의 필요성을 느낄 수 있는 수단을 강구해야만 한다. 그렇게 되면 그들은 항상 군주에게 충성을 다할 것이다.

제10장

군주국의 국력에 대한 평가

　이러한 군주국의 다양한 특성을 검토할 때 또 하나의 사실을 고려해야 하는데, 즉 군주는 필요할 경우 자신의 힘만으로써 자신을 보호할 수 있을 만큼 강한가, 아니면 계속 다른 사람의 도움을 필요로 하는가 하는 점이다.

　이 사실을 보다 분명히 설명하자면, 자기의 뜻대로 할 수 있는 인적 자원과 재력(財力)을 가지고 잘 조직된 군대를 편성하여 어떠한 침략자도 격퇴할 수 있으면 자신을 지킬 수 있는 군주라고 하겠다. 그러나 반대로 적에게 대항해서 싸우지도 못하고 성벽 안으로 후퇴하여 거기서 방어하는 자는 끊임없이 도움을 필요로 하는 군주라고 할 수 있다.

　전자에 대해서는 이미 논하였으나, 필요하면 앞으로 다시 말하겠다. 후자에 관해서는 군주가 살고 있는 도시의 방비를 견고히 하고 요새화하여 성 밖의 영지(領地)에 대해 염려하지 않도록 노력하라는 것 외에는 별로 할 말이 없다. 왜냐하면 그의 도시를 완전히 요새화하고,[1] 또 이미 말한 바 있을 뿐 아니라 앞으로 논하게 될 것

---

1) 12세기경까지 도시는 반드시 성벽으로 둘러쌌다.

이지만, 민중에 기반을 둔 군주는 언제나 섣불리 공격받지는 않는다. 왜냐하면 사람들은 항상 위험이 따르는 계획에 대해서는 머뭇거리게 되며 그 도시가 견고하게 요새화되어 있고, 또 민중의 증오를 받지 않는 군주를 공격하는 일은 쉽지 않을 것이라는 것을 알기 때문이다.

독일의 도시들은 커다란 자유를 누렸다.[2] 속영지屬領地는 거의 없으며 이들 도시는 다만 형편에 따라 마음이 내키면 황제에게 복종하기는 하지만, 황제나 이웃의 다른 어떤 유력한 군주도 두려워하지 않는다. 그 이유는 도시가 견고하게 요새화되어 있기 때문에 어느 누구에게도 그것을 점령하는 것은 오랜 시간이 걸리고 어려운 일이라는 것이 명백하기 때문이다. 즉 이들 도시는 모두 해자垓字와 그리고 알맞은 성벽으로 방비되어 있고, 대포도 충분히 갖추어져 있으며, 창고에는 1년분의 식량과 음료와 연료가 항상 비축되어 있을 뿐만 아니라, 사회적 손실 없이 하층 계급을 부양하기 위하여 이러한 도시의 생명이요 원동력인 수공업에 1년간 종사할 수 있는 재료를 도시의 재산으로서 보유하고 있으며, 그리고 그 직업에 의해 일반 민중이 살아간다. 더욱이 군사 훈련이 중요시되고 그것을 유지하기 위한 많은 규정이 있다.

따라서 강력한 도시를 가지고 있고 거기에다 민중의 지지를 잃지 않는 군주는 공격받지 않으며, 설사 공격을 당할지라도 침략자는 패배하고 말 것이다. 왜냐하면 세상 돌아가는 상황이 수시로 변하기 때문에 하릴없이 1년 동안 성을 포위한 채 군대를 방치하는 일은 어떤 사람에게도 거의 불가능하기 때문이다.

---

[2] 마키아벨리는 독일의 도시를 종종 칭찬하고 있으나, 그가 직접 이를 견문한 것은 1507년 말에서 다음해에 걸쳐 막시밀리안 황제에게 사절로 갔을 때다. 그러나 이때에도 티롤과 스위스 지역에 한해서 피상적으로 본 것에 불과하다. 그리고 당시 독일에서 막 일어나고 있던 종교분쟁에 대해서도 잘 모르는 듯하다.

여기에 대하여 다음과 같이 반박할 수도 있을 것이다. 만일 시민들이 도시 밖에 재산을 가지고 있는데 그것이 불타는 것을 보게 되면 그들은 안절부절못하게 될 것이며, 또한 장기간의 포위에서 오는 어려움과 이기심으로 인해 군주에 대한 충성심을 잊게 될 것이라고. 이에 대한 나의 답은 이러하다. 유능하고 용기 있는 군주는 그의 시민들에게 어느 때는 이런 재난은 오래 지속될 수 없다는 희망을 가지게 하고, 또 어느 때는 적의 잔인성에 대한 공포심을 자극하며, 또 어느 때는 자기를 적대시할 것이라고 생각되는 신하들로부터 자기 자신을 재치 있게 방어할 수만 있다면 그러한 어려움을 항상 극복하게 될 것이라는 답을 하고 싶다.

이외에 또한 적군은 그 지역에 도착하자마자 즉각 촌락을 불태우거나 파괴할 것이 예상된다. 그러나 이때는 시민들의 사기가 높고 방위를 위한 결의도 넘치는 때다. 바로 이러한 이유 때문에 군주는 두려움을 가져서는 안 된다. 왜냐하면 며칠이 지나면 차츰 처음의 열정도 가라앉고 이미 받은 손해나 재난도 원상회복이 될 수 없다는 것을 알고 있기 때문에, 시민들은 군주를 지키기 위하여 그들의 집이 불태워졌고 토지가 파괴되었으니 군주는 자기들에게 의무감을 느껴 보상해주리라고 생각하여 더욱 쉽게 군주와 협력하게 되기 때문이다. 즉 은혜를 입은 것만큼 은혜를 베풀려고 하는 것이 인간의 본성이기 때문이다. 따라서 이러한 모든 사실을 고려해볼 때, 방어를 위한 준비와 수단만 갖추어져 있다면 민심을 장악하는 일이 사려 깊은 군주에게는 결코 어려운 일은 아니다.

제11장
교회국가[1)

신의 뜻이 절대적인 바탕이 되는 교회국가

이제 나에게 남겨진 것은 교회국가에 대해서 논하는 것뿐이다.

이런 나라의 어려움이란 오직 국가를 획득하는 과정에 있다. 왜냐하면 이것은 능력이나 행운에 의하여 획득되지만 보전하는 데는 이 두 가지가 필요 없다. 이러한 나라는 종교에 뿌리박은 오래되고 절대적인 율법(律法)에 의해 지탱되고 있으므로, 군주가 어떻게 통치하고 처신하든 군주의 권위가 보전되는 특성과 성질을 가지고 있다. 이러한 군주들만이 방위할 필요가 없는 영토를 가지고 있고, 통치할 필요가 없는 백성들을 가지고 있다. 그들의 영토는 방비가 없어도 빼앗기는 일이 없으며, 백성들은 통치되지 않고 있다는 것에 관심을 두지도 않는다. 그들은 그들의 충성을 포기하는 일을 생각하지도 않으며 또 그렇게 할 힘도 없다. 따라서 이러한 국가만이 안전하고 행복하다.

---

1) 로마 교황청의 존재와 이탈리아의 국가 통제 관계는 항상 복잡하고 중대한 것임은 말할 나위도 없으며, 마키아벨리 시대에도 이것은 지식인들 사이에서 우려되고 있었다. 그러나 마키아벨리는 교회의 본질은 신앙에 기초하고 또한 예외적인 것이어서 일반적인 군주론에 들지 못할 뿐더러, 과학적인 근거가 부족하므로 깊이 논할 의미가 없었던 것 같다.

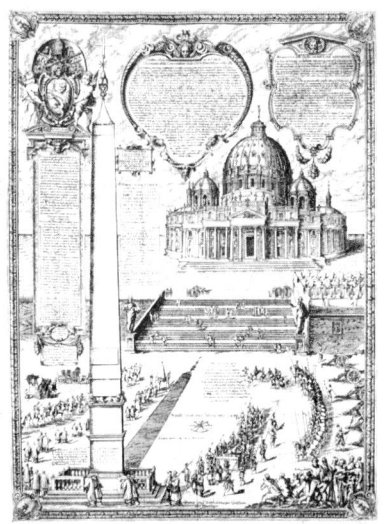

'교회국가' 바티칸 시국市國과 로마 교황청.

그러나 이러한 나라는 인간의 지혜가 미칠 수 없는 보다 높은 하느님의 섭리에 의하여 유지되고 있는 까닭에 더 이상 논하지 않겠다. 왜냐하면 그것은 신에 의해 세워지고 보호되고 유지되는 나라이며, 그렇기에 그것에 대해 감히 논한다는 것은 지각없고 건방진 사람만이 할 수 있기 때문이다.

알렉산데르 6세, 율리우스 2세, 그리고 레오 10세 교황 하의 교회국가

그런데도 교황 알렉산데르 6세 이전의 이탈리아 권력자들[2]은 — 그렇게 불리고 있는 군주뿐만 아니라 보잘것없는 봉건 귀족이나 군주와 제후[3]에 이르기까지 — 교회의 세속적인 권한에 대하여 경멸해온 반면에, 오늘날의 교황은 프랑스 왕을 자기 앞에서 두려워 떨게 하고 또 그를 이탈리아에서 내쫓았으며, 베네치아인을 파멸시킬 만큼 강대화의 절정에 달하게 되었는데, 그것은 무슨 이유에서인가 하고 궁금해 할 사람이 있을 것이다.

비록 이 사건은 다 아는 사실이나 그 중요한 점에 대해 기억을 환기시키는 일이 무의미하다고는 생각지 않는다.

프랑스 왕 샤를이 침입하기 이전[4]의 이탈리아는 로마 교황과 베

---

[2] Potentates, 여기서는 피렌체·밀라노·나폴리 등의 주권자를 말한다.
[3] Baron과 Lordling(이탈리아어로는 barone와 signore)은 극히 엄밀한 의미에서 사용되고 있는 것은 아니다. '바론'은 일반적으로 중세의 국왕이나 영주로부터 봉토封土를 받아서 지배자와 종속 관계를 갖는 제후의 칭호다. 예를 들면 로마의 코론나 가와 오르시니 가 등이 여기에 해당되며, 영주로 번역되는 경우도 있다. 한편 '로들링'은 작은 나라든 큰 나라든 그 나라의 지배자(군주·영주 등)의 의미로 사용된다.
[4] 프랑스 왕 샤를 8세의 이탈리아 침입은 역사상 일대 변혁기로 "그에 의하여 이탈리아에는 기근과 악질이 퍼져, 이로 인해 국가가 변했을 뿐 아니라 정치체제도 전술도 바뀌었다"(《피렌체사史》 제2권).

네치아인과 그리고 나폴리 왕과 밀라노 공작과 피렌체인의 지배하에 있었다. 이 지배자들에게는 두 가지 중대한 목표가 있었는데, 그 첫째는 무장한 외국인이 이탈리아로 침입하는 것을 허용해서는 안 된다는 것이고, 둘째는 그들 중 어느 한 사람이라도 영토를 확장하는 것을 용서하지 않는다는 것이었다. 그 중에서도 특히 경계가 필요했던 것은 교황과 베네치아인이었다. 베네치아인을 견제하기 위해서는 페라라의 방위에서 보았던 것처럼5) 다른 모든 나라들의 결속이 필요하였다. 한편 로마 교황을 견제하기 위해서는 로마 귀족들을 적절히 이용할 필요가 있었다. 그들은 오르시니와 코론나 양파로 분열되어 끊임없이 분쟁을 일으키고 있었고, 교황의 눈앞에서조차 무기를 잡고 서서 교황청의 권위를 약화시키고 불안정하게 만들었다.

때로는 식스투스 4세와 같은 뛰어난 교황이 나타난 적도 있었으나, 그의 현명함이나 행운도 이러한 성가신 일을 제거할 수는 없다. 이러한 어려움은 교황들의 단명短命에도 원인이 있었다. 즉 교황들의 재위 기간은 평균 10년 정도였으므로, 그들은 이 양파 중 어느 하나를 억압하는 데 성공할 수 없었다.

예를 들면, 비록 한 교황이 코론나파를 거의 괴멸시켰다 하더라도 다음에 오르시니파를 적대시하는 교황이 즉위하여 쿠론나파가 되살아나게 되며, 그렇다고 하여 오르시니파를 완전히 제거시킬 만한 여유도 없다. 이 때문에 이탈리아에서는 교황의 세속적인 권한이 무시되는 사태가 생겨났다.

---

5) 베네치아는 본토에 그 세력을 확대하려 하였으며, 먼저 페라라의 영토에 눈독을 들여 교황 식스투스와 제휴했다. 로렌초 등은 이것에 반대하여 이탈리아는 양대 세력으로 분열되었다(피렌체, 밀라노, 나폴리, 볼로냐 등이 한패가 됐다). 교황도 베네치아의 강대화를 두려워한 나머지 피렌체와 제휴하여 베네치아에 대해 페라라 점령의 중단을 경고하였다(1483).

이런 상황에서 알렉산데르 6세가 나타나 재력과 교회의 권력만 있으면 교황이 어떤 영향력을 미칠 수 있는가를 그의 전임자들 중 어느 누구보다 잘 보여주었다. 교황은 발렌티노 공작을 방편으로 이용하면서 이탈리아에 대한 프랑스군의 침략 기회를 포착하여, 이미 앞에서 발렌티노 공작의 행동에 대해 말한 것들을 모두 성취하였다. 비록 알렉산데르 6세의 목적은 교황권이 아니라 발렌티노 공작을 강화시키는 것이었으나, 그의 모든 노력은 로마 교회의 권력을 증대시키게 되었다. 교황이 사망하고 발렌티노 공작도 멸망한 뒤, 그의 노력의 결과는 교회로 계승되었다.

그 뒤 율리우스 2세 교황이 나타났을 때 교회는 로마냐의 모든 지역을 획득하고 로마 귀족들의 세력을 제거하였으며, 그 파벌도 이미 알렉산데르 6세 교황의 타격 하에 분쇄되었으므로 교황권은 강화될 수밖에 없었다. 그리고 율리우스 2세는, 알렉산데르 6세 이전에는 행해진 일이 없는 재물을 모을 수 있는 길이 열려 있음을 발견했다. 율리우스 2세는 이러한 이점을 이용했을 뿐 아니라 확대·발전시켰다. 그는 볼로냐를 정복하고,[6] 베네치아를 멸망시키며, 이탈리아에서 프랑스군을 추방하려고 계획하였다. 이런 모든 계획은 성공하였으며,[7] 그리고 그가 행한 모든 것은 어느 개인을 강력하게 만들어주기 위해서가 아니라 교회의 세력 확장을 위한 것이었기에 더욱 칭찬할 만한 것이었다.

더욱이 그는 오르시니와 코론나의 파당을 그가 교회의 권력을 계승했던 당시의 한계 속에 묶어두는 데 성공했다. 비록 그들 사이

---

[6] 교황은 24명의 추기경과 함께 1506년 8월 26일, 볼로냐 정복을 계획하고 각 도시에 원병을 청했다. 피렌체도 이에 응하여 마키아벨리를 사자使者로 파견했다. 그해 11월 11일 볼로냐를 점령, 다음해 2월까지 그곳에 머물렀다.

[7] 교황 율리우스 2세는 1506년 볼로냐를 획득하고, 1508년 베네치아를 공격하였으며, 1511년에 결성한 신성동맹으로 프랑스군을 몰아냈다.

엔 반항을 하려는 자들이 다소간 남아 있었으나, 다음 두 가지 사태가 그들을 견제하는 데 작용하였다. 그 첫째는 로마 교회의 강대한 세력인데 그들은 그것을 두려워하였으며, 둘째는 당파의 모든 분쟁에 원인이 되는 추기경들이 없었다는 사실이다. 왜냐하면 그러한 추기경들이 존재하는 한, 이 양파는 결코 휴식을 취할 수가 없다. 그 까닭은 이 추기경들이 로마의 안팎에서 분쟁을 조장하였고, 따라서 귀족들은 둘 중 어느 한 파를 지원하지 않을 수 없기 때문이다.

이렇듯 고위 성직자들의 야심이 귀족들 간의 소동과 다툼을 불러일으켰다. 하지만, 교황 레오 10세 성하(聖下)는 결국 가장 강력한 교황권의 기초를 세웠다. 바라건대, 그의 전임자들은 무력에 의하여 교회를 강대하게 하였으나, 현재의 교황은 그의 인자함과 한없는 덕성으로 교회가 더욱 강대해지고 더욱 존경받을 수 있도록 했으면 한다.

제12장
군대의 종류와 용병

국가의 방위를 용병에게 맡겨서는 안 되는 이유

　내가 첫머리에서 논하려고 계획한 군주국가의 모든 다양한 성격에 대해서는 자세히 말했고, 각 나라의 강함과 약함의 원인에 대해서도 얼마간 살펴보았다. 그리고 이러한 나라를 획득하고 유지하기 위하여 군주들이 공통적으로 추구하는 수단에 관해서도 지적하였다. 이제 남아 있는 것은 모든 종류의 군주국가가 이용할 공격과 방어 수단에 관해서 일반적으로 논술하는 일이다.
　군주가 튼튼한 기초를 구축하지 않으면 안 된다는 것은 이미 말한바 그대로다. 기초가 튼튼하지 못하면 그는 어쩔 수 없이 파멸될 것이다. 그런데 새로운 군주국이든 오래 된 군주국이든 복합국가든 간에 모든 국가의 중요한 기초는 훌륭한 법률과 훌륭한 군대다. 그러나 훌륭한 군대 없이 훌륭한 법률을 가질 수 없으며, 훌륭한 군대만 있다면 훌륭한 법률도 아마 가지게 될 것이다. 나는 여기서 법률에 관한 모든 논의는 생략하고 다만 군대에 대해서만 이야기하겠다.

마키아벨리의 시대인 16세기 중엽의 독일 용병. 화승총과 장검으로 무장하고 있다.

그런데 그 나라를 방어하는 군대는 군주 자신의 것이거나, 용병이거나, 다른 나라로부터의 원병援兵이거나, 아니면 혼성군混成軍이라고 하겠다. 용병과 원병은 백해무익하며, 용병군의 이용에 의해 그 국가를 유지하는 군주는 결코 강하지도 안전하지도 못하다. 왜냐하면 용병은 서로 반목하고 야심적이며 반항적이고 배신적이기 때문이다. 자기편들 사이에서는 용감하나 적 앞에서는 비겁하고 신에 대한 두려움이 없으며 사람에 대한 신의가 없다. 따라서 용병에 의존하는 군주들은 공격을 당하면 패배하게 된다. 그러므로 평화로울 때에는 그들에 의해 약탈당하고, 전쟁이 나면 적에 의해 약탈당한다. 용병들은 그 알량한 보수 이상의 어떤 명분이나 유대관계 때문에 참전하지 않는다. 그런데 그 급료는 그들의 목숨을 바쳐가면서 싸울 만큼 그렇게 많은 것은 아니다. 그들은 군주가 평화로울 때에는 군주의 병사이길 원하나, 전쟁이 선포되면 그들은 도망치거나 사라져버린다.

이 사실을 납득하는 데는 별 어려움이 없다. 왜냐하면 오늘날 이탈리아의 몰락은 여러 해 동안 이 용병에 의존했기 때문이다. 그들 용병은 잠시 동안은 쓸모가 있었고 서로 용맹을 다투기도 했으나, 외국 군대가 출현하자마자 그들이 지녔던 본색을 드러내고 말았다. 그렇기 때문에 프랑스 왕 샤를은 분필만으로 이탈리아를 정복할 수 있었다.[1] 그 원인에 대해서 어떤 이는 우리 이탈리아인에게 죄가 있다고 말했으며 사실 그렇다. 그러나 이런 잘못은 용병을 믿었다는 데 있는 것이 아니라 용병이란 그럴 수밖에 없는 존재라는 점

---

[1] 샤를 8세의 이탈리아 원정은 '초크(분필) 전쟁'으로 불린다. 그 이유는 프랑스군의 장교가 숙영지宿營地가 될 마을의 민가에 분필을 가지고 표시한 것만으로도 아무런 저항을 받지 않고 진군하였기 때문이다. 이 말을 처음 사용한 사람은 교황 알렉산데르 6세라고 한다. 이 사실은 프랑스의 역사가인 필리프 드 코민의 《회고록》(1464~98)에도 언급되어 있다.

에 있다. 이런 경우는 군주의 잘못이며, 따라서 고통 받는 것도 군주다.

용병은 백해무익하다

나는 이 용병군의 고약한 특성에 대하여 보다 분명히 논증하려고 한다.

용병대장 중에는 유능한 자와 그렇지 않은 자가 있다. 만일 유능한 자라면 신용해서는 안 된다. 왜냐하면 그들은 군주를 억압하거나 군주의 뜻과는 반대로 다른 나라를 억압하면서 항상 그들 자신의 세력 강화를 추구하기 때문이다. 한편 용병대장이 무능한 자라면 당신은 멸망하게 될 것이다.

그러나 그가 용병이든 아니든 그의 수중에 무기를 가진 자라면 이와 같은 방법으로 행동하지 않을까라고 말하는 사람이 있을 것이다. 여기에 대해서 다음과 같이 답한다. 즉 군주국이나 공화국이 군대를 사용할 때, 군주국의 군주는 스스로 전쟁터에 나아가 대장으로서의 역할을 행해야 하고, 공화국은 그 시민의 대표를 파견하지 않으면 안 된다. 그리고 파견한 자이 무능함이 증명되면 그만두게 해야 하며, 반대로 유능한 것이 증명되면 적당한 테두리 속에 법률의 힘으로 묶어두지 않으면 안 된다. 그런데 우리는 경험을 통해, 자신의 군대에 의존하고 있는 군주국이나 공화국은 크게 성공하였으나 용병군을 사용했을 때는 손해를 입게 된다는 것을 알고 있으며, 나아가 그 자신의 군대를 신뢰하는 공화국은 외국 군대에 의지하고 있는 나라에 비해 한 사람의 시민에게 농락당할 위험이 적다.

　로마와 스파르타는 그들 자신의 군대로 무장을 하고 있었으므로 오랫동안 자유를 누릴 수 있었다. 스위스는 가장 잘 무장되었기 때문에 가장 위대한 자유를 누릴 수 있었다.

　또한 용병의 위험성에 대해서 카르타고의 예를 들 수 있다. 카르타고군은 비록 그들이 용병을 지휘하였으나 로마와의 제1차 전쟁 후 그들은 용병에 의해 거의 파멸되고 말았다. 마케도니아의 필리포스는 에파미논다스가 사망한 후 테베인에 의해 사령관으로 추대되었으나, 승전 후에는 그들에게서 자유를 박탈당했다.[2] 마찬가지로 밀라노 시민은 필리포스 공작이 죽자 프란체스코 스포르차를 고용하여 베네치아인에 대한 전쟁을 지휘하게 했다.[3] 그러나 그는 카라바지오에서 적을 격파한 후 그의 주인인 밀라노 시민을 억압하기 위하여 적인 베네치아와 동맹을 맺었다. 그의 아버지인 스포르차[4]도 역시 처음에는 나폴리 여왕 조안나의 용병대장이었으나 여왕의 곁을 갑자기 떠나버렸으므로, 군대를 잃게 된 여왕은 왕국을 지키기 위해서 아라곤 왕에게 몸을 의탁하지 않을 수 없었다.[5]

　이와는 반대로 베네치아인과 피렌체 사람들은 용병에 의하여 영

---

[2] 이 대목의 기술은 사실史實과 차이가 있다. 즉 에파미논다스는 B.C. 362년에 죽었고, 필리포스 2세(B.C. 382~336)가 테베 시민에 의해 대장이 된 것은 B.C. 355년의 일이기 때문이다.
[3] 필리포스 공이 죽은 후 용병대장 프란체스코 스포르차가 지휘권을 쥐었고, 1448년에는 카라바지오에서 베네치아군을 격파하였다. 그러나 그는 곧 적과 내통하였고, 1450년엔 방향을 바꾸어 밀라노를 공격하여 군주의 자리를 빼앗았다.
[4] 15세기에 브라치오 디 몬토네와 함께 우수한 용병대장으로 불린 아텐도로 스포르차를 말한다. 1405년, 피렌체의 용병대장이 되어 피사 전쟁에서 눈부신 활약을 했으며, 1414년경에 나폴리로 가서 여왕 조안나 2세의 용병대장이 되었다.
[5] 스포르차가 조안나 여왕(재위 기간 1414~1435)을 배반한 것은 1426년의 일이다. 여왕은 부왕이 죽은 후 왕위 계승 문제로 남편과의 사이에 불화가 생겼고, 용병대장 스포르차가 배신하였기에 고립되었다. 할 수 없이 아라곤 왕과 양자 결연에 의해 왕위를 물려주고 그의 보호를 받았다. 아라곤 왕은 11세기부터 이베리아 반도의 북부 아라곤을 지배하고 있던 스페인의 왕이다. 1469년, 알폰소 5세의 조카인 왕자 페르난도가 카스틸랴 여왕 이사벨과 결혼하여 스페인 왕국의 기초를 닦았다.

토를 확장하였으나, 용병대장들이 군주가 되려는 생각도 없었고, 또한 그들의 상전에게 충성스럽게 봉사하였다고 말하는 이들도 있을 것이다. 여기에 대해 나는 다음과 같이 대답하고자 한다. 이 점에 대해서 피렌체 사람들은 행운을 입고 있었다. 왜냐하면 두려움을 줄 수 있는 용감한 용병대장 중, 어떤 이는 승리를 거두지 못하였고, 어떤 사람은 경쟁자를 가지고 있었으며, 또 어떤 사람은 야심을 다른 곳으로 돌렸기 때문이다.

승리를 거두지 못한 이들 중엔 조반니 아쿠토[6]가 있었는데, 그는 승리를 얻지 못하였으므로 그의 충성도 증명되지 못했다. 만일 그가 승리를 거두었더라면 피렌체는 완전히 그의 손아귀에 들어갔을 것이다. 스포르차 가(家) 출신자에겐 끊임없이 브라치오 가의 반대가 있었으며 양자는 서로 견제하고 있었다. 더욱이 프란체스코가 밀라노에 대해 야심을 가질수록 브라치오는 교회와 나폴리 왕국에 야심을 두었다.[7]

어쨌든 최근에 일어났던 사건으로 눈을 돌려보자.

피렌체인은 그들의 용병대장으로 파울로 비텔리를 기용하였다. 그는 가장 사려 깊은 지휘관이며 일개 평민 신분이었으나 군에서 일약 최고의 명성을 떨쳤던 것이다. 만일 그가 피사를 점령하는 데 성공했더라면 피렌체인들은 완전히 그의 세력 하에 들어갔으리라

---

6) 조반니 아쿠토(Giovanni Acuto, Sir John Hawkood). 영불전쟁 때 프랑스에서 급료를 받고 있다가, 1360년에 용병대를 이끌고 이탈리아에 들어간 영국의 기사(騎士). 1363년, 피렌체와 피사의 전쟁에서는 Compagnia Bianca에 들어가 피사를 위해 일했다. 전쟁 후에는 피렌체에 매수되어 용병대장이 되었으며, 비스콘티 가에 의해 일어난 이탈리아 분쟁 때는 프랑스군과 함께 밀라노를 공격하려 하였으나 실패하였다. 피렌체에 돌아가 1393년에 죽었다. 당시 영국식 이름을 이탈리아식으로 바꾸어 불렀다.
7) 브라치오(Braccio)와 스포르차(Sforza) 양가는 원래 친한 사이였다. 브라치오가 어떤 일로 인해 미켈레 스포르차를 배신한 일로 드디어 반목하게 되었고, 마침내 이탈리아는 이 양파로 분열되어 서로 다투었다. 1416년 브라치오가 페루지아에 이어 로마를 점령하였으나(1417), 나중에 스포르차에 의해 추방되었다. 그 후에 프란체스코 스포르차와 니콜로 피치노가 각각 양파의 지도자가 되었다.

는 것을 아무도 부인하지 못할 것이다. 왜냐하면 만약 그가 적의 용병대장이 되었더라면 피렌체인들은 파멸되었을 것이고, 한편 그를 그 자리에 그대로 두었더라면 시민들은 그의 뜻에 복종하지 않을 수 없었을 것이다.

다시 베네치아인에 관해서인데, 우리가 그들 세력의 성장을 고려해본다면 시민 전원이 전쟁을 하고 있는 동안은 영광과 안전에 찬 활동을 할 수 있었으며, 육지 쪽으로 그들의 계획을 돌리기 이전에는 귀족이나 평민 출신의 사람들이 함께 협력하여 용감히 싸웠다. 그러나 그들은 육지에서 전쟁을 하게 되면서부터 이 탁월한 방법을 버리고 이탈리아의 관습을 따르는 데 만족하게 되었다.[8] 처음 그들의 세력을 대륙에 확대할 당시에는 영토를 거의 가지지 못했지만, 그들 스스로가 높은 명성을 유지하고 있었으므로 용병대장의 명성이 높아지는 것에 관해서는 별로 걱정할 필요가 없었다. 그러나 카르마뇰라의 지휘 하에 그들의 영토를 확장하고자 했을 때에 그들은 그 잘못을 알게 되었다.[9] 왜냐하면 베네치아인들은 그의 지휘 하에 밀라노 공작을 격파하였을 당시 그가 용감하고 숙련된 장군임을 인정했으나, 한편으로 그가 전쟁을 수행하는 데 태만하다는 것을 느꼈다.

베네치아인들은 그의 지휘 하에서는 앞으로의 승리는 있을 수 없다고 확신했으나, 그들이 획득한 것을 잃을까 두려워 그를 해고시킬 수가 없었다. 베네치아인은 그로부터 스스로의 안전을 지키기 위하여 그를 죽이지 않을 수 없었다. 그 후 베네치아인은 베르

---

[8] 베네치아의 강대함은 바다의 이용과 그 나라의 군대에 의한 것이었고, 그 쇠퇴는 용병을 고용하여 전쟁을 하는 이탈리아 여러 도시의 풍습을 모방하였기 때문이다.

[9] 카르마뇰라(Carmagnola)는 베네치아의 용병대장이다. 처음에는 밀라노의 비스콘티가에 봉사했으나, 그 후 베네치아를 위해 활약했다. 그러나 1431년, 밀라노군에 패하였을 때 내통하였다는 의심을 받고 사형에 처해졌다. 마키아벨리는 자국의 안전을 위하여 죽인 것으로 보고 있다.

가모의 바르토로메오, 산 세베리노의 루베르토, 피티리아노 백작 등을 용병대장으로 기용했으나, 그들 지휘 하에서는 승리보다는 패전을 두려워하였다. 예를 들면 바이라에서 있었던 것처럼 베네치아인들은 800년간[10]의 노력 끝에 획득한 것을 불과 하루 만에 잃어버렸다. 요컨대 용병에 의해 얻어지는 이득은 느리고 또한 사소한 것이나, 손실은 너무나 갑작스러워 어안이 벙벙하게 되는 것이다.

용병은 이탈리아를 어떻게 몰락시켰는가

이제까지 과거 오랫동안 용병에 의해 지켜진 이탈리아의 실례를 보아왔으나, 이 용병 제도를 채택하게 된 기원과 과정을 살펴봄으로써 보다 효과적으로 과거를 돌아보게끔 하기 위해 주제의 본질을 향해 더욱 깊이 파고들어가고자 한다.

그러면 최근에 황제의 지배력이 이탈리아에서 쇠퇴하기 시작하고 교황권이 더욱 명성을 떨치자, 이탈리아는 갑자기 수많은 나라로 분열되고 만 것을 인식하여야 한다. 즉 지난날 황제의 지원으로 시민을 억압해왔던 귀족에 반항하여 대부분의 도시가 무기를 들고 봉기하였을 때, 교회는 세속적인 권한의 확대를 위하여 이 도시들을 원조하였다.[11] 다른 많은 도시들은 몇몇 시민이 지배자가 되었다. 이렇게 되어 이탈리아는 로마 교회와 몇몇 공화국의 수중으로 들어갔으나, 사제들로 이루어진 로마 교회나 공화국의 시민들은

---

10) 697년부터 1509년 사이.
11) 이탈리아의 도시국가는 사실상 로마 교회와 신성 로마 황제와의 항쟁 와중에서 생겨났다.

군대를 조직하거나 지휘하는데 익숙하지 못했기 때문에 외국인의 군대를 고용하기 시작했다.

이런 군대의 명성을 높인 최초의 사람은 로마냐 출신의 알베리고 다 코니오[12]였다. 그의 군사 훈련을 받은 이들 중 특히 브라치오와 스포르차는 당시 '이탈리아의 운명의 결정자'였다. 그들 이후에도 많은 인물들이 나와 오늘에 이르기까지 이들 용병대를 지휘하여왔다. 그리고 그들의 능력 덕분으로 이탈리아는 샤를에 의해 유린되고[13], 루이에게 약탈당했으며,[14] 페르난도에 의해 짓밟히고[15], 스위스군에게 모욕당했다.

이들 용병대장의 첫째 목적은 그들의 공훈을 올리기 위하여 보

---

12) 코니오(Conio) 백작의 군사 개혁은 주목할 만하다. 14세기 후반에 이탈리아의 내란이 가장 격심하였을 때, 그는 흩어져 있던 이탈리아 군사들을 모아 엄격한 훈련 하에 성 조르조단(Compagina di S. Giorgio)을 조직하였었다. 1379년 교황 우르바노 6세를 위하여 브레톤단㉾과 싸워 이겨 교황으로부터 'Italia Liberata dai Barbai(야만인으로부터 구원된 이탈리아)'라고 씌어진 기를 하사받았다. 1409년 4월 26일에 죽었다.

13) 프랑스 왕 샤를 8세는 영국·독일·스페인과 화해하여 뒤에서 공격당할 염려를 없앤 뒤였던 1494년 3월 1일, 이탈리아 침공군을 일으켜 6만의 군대와 다수의 포병대를 이끌고 알프스를 넘어(9월 2일) 파죽지세로 남하하였다. 이에 앞서 피렌체의 피에로 데 메디치는 샤를왕의 군대에 항복하여 왕의 요구 전부를 받아들이고 중요한 요새와 많은 헌금을 약속하였다. 피렌체 시민은 이에 반대하여 그를 추방하고는 용맹히 싸웠다. 그러나 강화가 이루어져 프랑스군은 로마로 진군하였고(12월 13일), 교황은 도망하였다. 그는 다시 남하하여 나폴리를 공격했으나 완강한 저항에 부딪쳤으며, 또한 오스트리아와 아라곤의 경계심에 부딪쳐 프랑스로 되돌아갔다(1495년 10월 17일, 그레노블 도착).

14) 프랑스 왕 루이 12세는 밀라노를 점령하고자 베네치아와 결탁하여 이탈리아에 침입, 밀라노를 점령했다. 하지만, 왕 스스로가 밀라노에 들어갔으나(1499년 10월 6일에서 11월 7일까지 체재) 시민은 프랑스의 통치를 달갑게 여기지 않고 옛 군주 로도비코 모로를 다시 받들고 대항하였다. 그러나 스위스인의 배신으로 패전하고 모로는 체포되어 프랑스의 감옥에서 생애를 마쳤다. 그리하여 이탈리아는 다시 프랑스와 스페인의 연합군에 의해 유린되었다(1501~1503).

15) 페르난도(1452~1516)는 유명한 스페인 왕으로, 정력이 왕성하고 권모술수에 뛰어나 당시의 군주 중에 비길 만한 자가 없었다. 그러면서도 독실한 가톨릭 신자로 'il Catolico'라는 별명이 있었다. 샤를 8세가 나폴리를 점령하였을 때 출병하여 나폴리를 지원하여 프랑스군을 몰아냈다. 이것이 그의 이탈리아 침략의 시작이었다. 1500년, 루이 12세와 화해하고 나폴리 왕국을 분할하였다. 그 후 곧 이 두 침략자 사이에 불화가 생겨 프랑스군을 추방하고는 스페인 세력을 확립하였다. 나중에 독일 황제, 프랑스 왕, 아라곤 왕, 교황 등과 공모하여 베네치아 분할을 성공시켰다. 또한 다시 나폴리 영토를 확대하고 독일과 제휴하여 프랑스군을 이탈리아에서 몰아냈다.

병대의 평판을 떨어뜨리는 것이었다. 그들이 이렇게 한 것은 그들에게는 영지가 거의 없고 다만 용병이라는 직업에 매달려야 했으므로 소수의 보병으로는 그들의 명성을 떨치지도 못했고, 그렇다고 해서 다수의 병력을 거느릴 수도 없었기 때문이다. 이러한 이유 때문에 그들은 공훈을 세울 수 있고 쉽게 양성할 수 있는 소수의 기병에 의지했다. 그리하여 마침내 2만 명의 부대원 중 보병은 불과 2000명에도 못 미치는 상태가 되었다.[16]

나아가 그들은 자기 자신들과 병사들의 고생 및 위험을 덜기 위해 온갖 노력을 기울였다. 전투에서는 서로 죽이지 않고 포로로 하여 나중에 몸값 없이 석방하도록 하였다. 도시를 에워싼 군대도 야간에는 공격하지 않았으며, 또 도시 안에 있는 군대도 포위군에게 야습을 가하지 않았다. 진영의 주위에는 방어용 벽이나 참호를 만들지 않았고, 겨울엔 야영도 하지 않았다. 이러한 모든 양해 사항은 그들의 전쟁 법칙에 의해 승인되었으며, 이미 말한 바와 같이 고생과 위험을 피하기 위하여 고안되었다. 이러한 결과로 용병을 고용한 이탈리아는 멸시를 받는 노예 상태로 떨어지고 말았다.

---

[16] '군의 주력主力은 보병에 있다'는 것이 마키아벨리의 사상이다. 《정략론》 제2권 제18장 참조.

제13장
원병과 혼성군과 국민군

파멸을 원하는 군주는 원병을 요청하라

두번째로 무익한 군대는 다른 나라로부터의 원병援兵인데, 이것은 어떤 군주가 다른 힘 있는 군주에게 구원을 청했을 때 그 구원을 청해온 군주의 보호와 원조를 위해 파견되는 군대다. 최근에 교황 율리우스 2세가 '페라라 계획'[1]에서 용병대에 의해 쓰라린 경험을 맛보았기 때문에 원병을 의뢰하였다. 그렇게 해서 기병과 보병으로 원조해줄 것에 대해 스페인의 페르난도 왕과 협정을 맺었다.

원병은 그들 자신을 위해서는 우수하고 유익한 군대이나, 그것을 불러들인 군주에겐 항상 유해하다. 왜냐하면 만일 그들이 패배하면 군주는 파멸하고, 설령 승리한다 해도 군주는 그들의 포로가 되기 때문이다.

이러한 예는 옛 역사에 허다하나, 나는 교황 율리우스 2세의 예를 지나칠 수가 없다. 그것은 아직도 사람들의 마음속에 선명하게 남아 있다. 그는 오직 페라라를 획득해야겠다는 열망[2] 때문에 그

---
1) 1510년의 일. 제2장 참조. 교황은 프랑스에 대항하기 위해 신성동맹을 체결했다(1511년 10월 5일). 이 가운데는 교황의 페라라 점령을 양해해 준다는 내용이 포함되어 있다.

자신을 외국인의 품안에 맡겨버렸다. 사실상 잘못된 선택이었지만 그 결과는 엉뚱하게도 다행스런 결과를 낳았다. 왜냐하면 그의 원군이 라벤나에서 패배했을 때, 스위스군이 갑자기 나타나서 그와 다른 모든 사람들의 예상을 뒤엎고 승리자를 국외로 추방하였기 때문이다.[3] 그러므로 교황은 도망친 적에게 포로가 되지 않았을 뿐 아니라 원군에게도 포로가 되지 않았다. 왜냐하면 적군의 패배는 그의 원병에 의해서라기보다 다른 군대에 의해서 이루어졌기 때문이다. 피렌체인은 자기 자신의 군대가 전혀 없었기 때문에 피사를 지키기 위하여 1만 명의 프랑스군을 보냈으나, 이로 인해 지난날의 어떤 위험한 때보다도 훨씬 커다란 위험이 생겨났다.[4] 이웃 나라를 상대로 싸우기 위해 콘스탄티노플의 한 황제는 1만 명의 터키군을 그리스에 끌어들였는데, 전쟁이 끝난 뒤에 터키군은 돌아가기를 거부하였고, 이것이 그리스가 이교도에게 정복되게 된 계기가 되었다.[5]

　그러므로 성공의 모든 기회를 빼앗기려는 이는 원병을 의뢰하라. 원병은 용병보다 훨씬 더 위험하며, 원병으로 인한 파멸은 기정사실이기 때문이다. 왜냐하면 원병은 단결되어 있고 전적으로 그들

---

[2] 율리우스 2세는 프랑스군을 몰아내고 페라라를 점령하려고 했다(1510), 처음엔 계획이 순조롭게 진전되어 여러 지방을 정복한 후 1511년 볼로냐를 공격하고 미란드라를 점령했다. 페라라는 완강히 저항하였으며 교황군은 페라라와 프랑스 연합군에 의해 이모라에서 패하였고, 이에 따라 신성동맹을 맺기에 이르렀다(처음에 스페인, 베네치아 등). 이것에 의해 프랑스군을 내몰았으나, 결국 스페인의 지배 하에 들게 되었다.

[3] 1512년 2월 11일, 연합군은 프랑스 장군 가스통 드 포아에게 격파 당했다. 하지만, 그가 죽은 후, 스위스군 2만이 구원하러 와서 프랑스군은 밀라노를 거쳐 아스테이에로 후퇴했고 이탈리아를 포기하였다.

[4] 1500년, 위고 드 보몽 지휘하의 원병으로 피사를 공격했으나 실패하였다. 이때 마키아벨리는 피렌체의 사신에 끼어서 피사 사건 해명을 위해 프랑스의 루이 12세에게로 갔다. 이때 원군을 유지하기 위해 적잖은 고생을 해야 했다.

[5] 동로마제국의 황제 요하네스 6세는 제왕의 자리를 놓고 파라에오르고스당※과 대립하여 터키의 군주 오르한에게 원군을 청했다. 이것이 터키가 유럽으로 진출한 계기가 되었다. 터키와의 동맹은 1346년에 체결되었고, 1353년에 터키 기병 1만 명이 도착했다.

장교의 지휘 하에 있기 때문이다. 용병의 경우, 승리를 거둔 후라 하더라도 고용주인 군주를 해칠 수 있기까지에는 많은 시간과 절호의 기회가 필요하게 된다. 그 이유는 용병은 분리된 집단으로 이루어져 있으며 고용주에 의해 모집되고 급료를 받고 있으므로, 군주에 의해 사령관으로 임명된 자가 군주를 위협할 만한 권력을 용병들 사이에서 즉각적으로 장악할 수는 없기 때문이다.

즉, 용병이 지닌 가장 큰 위험성은 그들의 우둔함과 비겁함에 있으며, 원병의 경우는 그 용감함에 있다. 그러므로 현명한 군주는 항상 이러한 군대를 피하고 자기 나라 군대를 신뢰하며, 그리고 외국에서 온 원병에 의한 승리보다 자국 군대에 의한 패배를 택한다. 외국의 지원에 의한 승리는 참다운 승리가 아니라는 것을 알기 때문이다.

자국의 군대로 전쟁을 하는 군주만이 진정한 승리자가 된다

나는 여기서 체자레 보르지아와 그 행동의 예를 인용하는 것을 결코 주저하지 않을 것이다. 그는 원병과 함께 로마냐에 침입하였고 다만 프랑스의 군대만을 이끌고 이모라와 포를리를 점령하였다. 그러나 그는 그 후 이 군대를 신뢰할 수 없음을 깨닫고 위험이 적으리라고 생각한 용병에 의지하였다. 그래서 오르시니와 비텔리를 고용했다. 그러나 그들 역시 변덕스럽고 허위적이며 배신적임을 발견하고는 그들을 해고하고 자국의 군대에 의지하였다.

이러한 다양한 군대의 차이점은 보르지아 공작이 프랑스군에게만 의지하였던 때와 오르시니와 비텔리의 용병을 고용했을 때, 또한 자국의 군대와 자기의 힘 만에 의지하였을 때 그의 명성이 각각 어떻게 변화되었는가를 살펴보면 쉽게 알 수 있을 것이다. 즉 우리는 그의 명성이 항상 상승하고 있음을 알 수 있다. 그리고 그가 자기 군대의 유일한 명령자임을 모든 사람이 인식하게 되었을 때만큼 그의 명성이 최고에 달한 적이 없었다.

나는 이탈리아에서 최근에 일어난 예를 제외하고 싶지 않다. 그리고 이미 내가 그 이름을 열거한 사람들 중의 하나인 시라쿠사의 히에론의 경우만은 언급하지 않을 수가 없다. 그는 앞에서 이미 말한 것처럼, 시라쿠사인들에 의해서 그들 군대의 지휘관이 되었으나, 그 군대가 용병이고 또한 우리 이탈리아의 용병군(condottidri)과 흡사한 병사들로 이루어져 있어 아무런 쓸모가 없음을 당장 알아차렸다.[6] 그러나 그는 이것을 유지할 수도 해체할 수도 없기에 전원을 제거해버렸으며, 나중에 타인의 도움 없이 다만 자기 나라 군대만으로 전쟁을 치렀다.

나는 여기서 이 문제와 관계가 있는 한 예를 《구약성서》[7]에서 찾아보고자 한다. 다윗은 블레셋 사람 골리앗과 싸울 것을 사울 왕에게 제의하였다. 사울 왕은 그를 격려하기 위해 자기의 무기를 사용하고 갑옷을 입게 하였다. 그러나 다윗은 그 갑옷을 몸에 걸쳐보자마자, 만일 이 무기와 장비들을 사용한다면 힘을 쓸 수 없으니 투석기와 칼만을 가지고 적과 싸우겠다며 거절하였다. 즉 다른 사람의 갑옷이란 너무 넓어서 등을 벗어나거나 몸을 내리누르거나 꽉 죄거나 하여 몸에 잘 맞지 않기 때문이다.

프랑스의 루이 11세의 아버지 샤를 7세[8]는 그의 행운과 용맹을

---

[6] 그 시대의 이탈리아 용병에 대한 불신감을 표명하고 있다.
[7] 《구약성서》〈사무엘기 상〉 17장.
[8] 이것도 정확하지 않다. 백년전쟁은 1452년에 끝났고, 프랑스는 영토를 잃지 않았다. 샤를이 왕위에 오른 또 다른 측면에는 잔 다르크가 있었음을 잊어서는 안 된다.

투석기로 돌을 쏘아 쓰러뜨린 골리앗의 목을 베어 승리를 완성시키려는 다윗.

가지고 영국으로부터 프랑스를 해방시켰는데, 그는 오로지 자신의 군대에만 의존할 필요성을 깨달은 나머지, 왕국 내에 포병과 기병 그리고 보병 정규군을 편성해 놓았다. 그러나 그 후 그의 아들 루이 11세는 보병을 폐지하고 스위스 용병을 고용하였다.[9] 이 잘못된 정책은 다음 군주들에 의해 계승되었고, 앞으로 설명하는 것처럼 프랑스 왕국을 몰락으로 이끌어간 위험의 원인이 되었다. 왜냐하면 이는 스위스의 명성을 높여준 반면에 프랑스 국민군을 약화시켰기 때문이다. 즉 프랑스 군은 그들의 보병을 완전히 폐지하였고, 기병은 외국 보병의 지원에 의존하게 되었으며, 스위스군과 합동으로 전투하는 습관이 생겨 스위스군이 없으면 아무것도 할 수 없다는 생각이 자리 잡게 되었다.

이렇게 하여 프랑스군은 스위스군에 대항할 수도 없고, 스위스군이 없으면 다른 외국군에 대항해 승리할 수도 없게 되었다. 그리하여 프랑스군은 일부는 국민군, 일부는 용병군으로 이루어진 혼성군이 되었다. 이렇게 구성된 군대는 단순한 용병이나 단순한 원병보다는 다루기가 훨씬 수월하나 순수한 국민군보다는 그 능력이 훨씬 열등하다. 이것은 앞에서 말한 실례가 증명하고 있다. 프랑스 왕국이 만일 샤를 7세의 군사제도를 유지하고 확대시켰더라면 무적의 나라가 되었을 것이다. 그러나 생각이 부족한 인간은 처음에 향기로운 맛을 느끼면 그 뒤에 숨어 있는 독을 알아차리지 못한다. 이것은 마치 앞에서 말한 소모열消耗熱과 같은 것이다. 그렇기에 재난이 퍼지기 전에 깨닫지 못하는 군주는 진정 현명한 군주라 할 수 없다. 그러나 이 능력은 극히 소수의 사람들에게만 부여되어 있다.

우리가 로마제국 쇠망의 최초 원인을 생각해본다면, 그것은 고

---

9) 루이 11세(1423~1483)는 스위스와의 조약에 의하여 용병을 빌릴 수 있도록 되었으므로 프랑스는 보병과 기병을 폐지하였다.

트인 용병을 고용하기 시작한 데 그 원인이 있음을 알게 될 것이다.10) 왜냐하면 그때부터 로마제국의 세력은 쇠퇴하기 시작했고 그들의 모든 우수한 점은 고트인에게로 옮겨졌기 때문이다.

그래서 나는 이렇게 결론을 내린다. 자국의 군대를 가지지 않으면 어떠한 군주국도 안전하지 못하며, 반대로 위험에 처했을 때 나라를 지킬 힘이 없기 때문에 전적으로 운에 의지하게 된다고. 그러므로 현자賢者들은 항상 '국민군國民軍에 기반을 두지 않는 권력이나 명성만큼 확고하지 못하고 덧없는 것은 없다'11)고 하는 경구警句를 마음속에 간직해왔다. '국민군'이란 신하·시민 그리고 속령屬領의 백성으로 구성된 군대를 말하며, 기타 모든 군대는 용병이나 원병을 의미한다.

국민군을 조직하는 방법은 내가 앞에서 열거한 법칙들을 잘 고려하여본다면, 또 알렉산드로스 대왕의 아버지 필리포스를 비롯하여 다른 많은 군주들과 공화국들이 어떻게 준비를 갖추고 그 군대를 다루었나를 주의 깊게 본다면, 쉽게 알 수 있을 것이다. 나는 그러한 제도에 전적인 신뢰를 두고 있다.

---

10) 고트 용병은 376년에 시작되었고, 황제 테오도시우스는 대량으로 용병을 고용했다(382).
11) 로마의 역사가 타키투스(Cornelius Tacitus, 55?~120?)의 말이다.

제14장
군사에 관한 군주의 임무

군주는 그의 군대의 전술과 군사 조직과 훈련 이외의 어떤 목적이나 생각도 가져서는 안 되며, 군주의 특수한 직책과 의무로서 오직 이 일에 열중해야 한다. 왜냐하면 그것이야말로 통치자가 추구하는 유일한 '기능'인 까닭이다. 그리고 그러한 일에 집중한 데 따른 효력은 세습 군주인 사람에게는 그 자리를 유지하게 해줄 뿐만 아니라, 때때로 일개 평민이 군주의 자리에 오를 수 있도록 해주기도 한다. 다른 한편 군주가 군대의 육성에 관심을 기울이기보다도 오히려 쾌락에 탐닉하게 될 때는 나라를 잃게 된다는 것을 우리는 종종 보아왔다. 그렇기에, 이 기능을 소홀히 하는 것은 국가를 잃게 되는 첫번째 원인이며, 반면에 그 기능에 능숙하게 되는 것은 권력을 획득하는 가장 확실한 길이다.

프란체스코 스포르차는 군사軍事에 관한 명성 때문에 평민 신분으로 밀라노 공작이 되었다. 그러나 그의 자손들은 군대 생활의 어려움과 고달픔을 피하였기에 군주의 지위에서 평민으로 전락하고 말았다.[1] 적당한 군사력을 갖추지 못한 데서 오는 여러 가지 불행

---

[1] 로도비코는 1500년에 나라를 잃었다. 막시밀리안은 1512년에 회복하였으나 3년 만에 나라를 잃었으며, 후에 스페인에 종속되어 명목만을 유지했다.

한 사태들 중 하나는 군주가 멸시를 받는 일이다. 그리고 이러한 불명예는 곧 설명하게 되는 것처럼 군주가 가장 조심스럽게 경계하지 않으면 안 되는 일이다.

군사력이 있는 사람과 군사력이 없는 사람과는 비교할 수가 없으며, 그리고 군사력이 있는 자가 군사력을 갖추지 못한 자에게 자발적으로 항복할 것이며, 군사력을 갖추지 못한 군주가 군사력이 있는 신하들 사이에서 안전하게 있을 수 있다고 기대하는 것은 이치에 어긋난다. 왜냐하면 이쪽은 저쪽을 멸시하고, 그리고 저쪽은 이쪽을 불신하기 때문에 두 사람이 함께 잘 해가는 일은 거의 불가능하다. 그러므로 이미 말한 바와 같이 군사에 대해 무식한 군주는 다른 불행보다도 특히 그의 병사들에게 존경받지 못하고 그도 그들을 신뢰하지 못하게 된다.

따라서 군주는 그의 주의를 군사 문제의 연구로부터 다른 데로 돌려서는 결코 안 된다. 그리고 전쟁 때보다 평화로울 때에 더욱 그 일에 주력하여야 한다. 여기에는 두 가지 방법이 있는데, 하나는 육체적인 것이요, 다른 하나는 정신적인 것이다.

육체적인 것에 관해 말하자면, 그의 병사들을 잘 훈련시키는 것 외에 그들과 함께 끊임없이 사냥을 하도록 하지 않으면 안 된다. 그렇게 하는 것이 어려움과 피로에 익숙해지는 것이요, 동시에 산의 경사도와 계곡의 모양, 평야의 펼쳐진 상태 등을 관찰함으로써 지형에 대한 지식을 얻게 되고 강과 늪의 특징에 대해서도 통달하게 된다.

군주는 이 문제에 대해 커다란 주의를 기울여야 한다. 그러한 지식은 두 가지 의미에서 유익하다. 첫째로 자기 나라를 잘 알게 됨으로써 유사시에 어떻게 나라를 방위해야 하는가를 보다 더 훌륭하게 이해하게 된다. 둘째로 각 지역에 대해 잘 알고 나서 어떤 지역을 관찰하게 되면 다른 지역의 특징도 쉽게 파악할 수 있다. 그 이유를 들면, 토스카나 지방의 구릉·계곡·평야·강·늪 등은 다른 지방의 그것들과 유사점이 많기 때문이다. 그러므로 어느 지역의 지형에 대한 지식으로 다른 지역에 관한 유사한 지식을 쉽게 터득할 수 있을 것이다. 이러한 지식이 부족한 군주는 훌륭한 지도자로서 갖추어야 할 첫번째 조건이 갖추어져 있지 않은 것이 된다. 왜냐하면 이 지식에 의해 적을 기습하는 법, 야영지를 선택하는 법, 행군 중의 군대를 인솔하는 법, 전투 대형을 전개하는 법, 또 지형의 이점을 확보하는 법을 알 수 있기 때문이다.

아카에인의 장군 필로포이멘[2]이 역사가들로부터 받은 칭송 중에는 이런 것이 있다. 즉 그는 평화로울 때에도 항상 전술을 생각하였고 친구들과 함께 들판을 걸을 때도 발길을 멈추고 전술에 관해 이야기를 나누었다. "가령 적이 저 언덕에 배치되어 있고 우리가 여기에 군대를 배치한다면, 어느 쪽이 더 유리한 위치에 있는가? 우리가 가장 안전하고 또 질서를 가장 적절하게 유지하면서 적과 맞서기 위해선 어떻게 전진하면 될 것인가? 만일 우리가 퇴각하지 않으면 안 될 때, 어떤 방향을 취해야만 할 것인가? 만일 적이 퇴각할 때, 어떻게 추격해야 할 것인가?"라고 그는 말하였다. 이런 식으로 그는 산책을 하면서도 어느 군대에서든 일어날 수 있는 모든 사건을 친구들에게 제기하였다. 그는 그들의 의견을 귀 기울여 듣고 또 자신의 의견을 말하면서 여러 근거들을 가지고 그것을 입증하였다. 그러한 심사숙고를 끊임없이 하였기 때문에 실제로 군대를 지휘하게 되었을 때, 그가 처리할 수 없는 복잡한 사건은 발생하지 않았다.

---

[2] 필로포이멘(Philopoimen, B.C. 253~183)은 아카에 동맹의 지도자. 플루타르코스(Plutarchos)는 그를 '그리스 최후의 인물'이라고 칭찬했다.

우리가 말한 정신적 훈련에 관해서는, 군주는 역사를 읽고 여기에서 위인의 행적을 알며 그들이 전쟁 중에 어떻게 행동하였는가를 살피고, 그들의 승리와 패배의 원인을 검토하며, 패배를 피하고 승리한 그들을 본받지 않으면 안 되며, 무엇보다도 과거의 많은 위인들의 행동을 모범으로 삼아야 한다. 그 위인들도 그들 이전에 명성을 날린 유명한 사람들을 모범으로 하여 그 행위와 업적을 끊임없이 마음속에 간직했던 것이다.

예를 들면 알렉산드로스 대왕은 아킬레스를, 카이사르는 알렉산드로스를, 스키피오는 키루스를 모방하려 했다 한다. 크세노폰3)이 쓴 《키루스전》을 읽어본 사람이라면 스키피오의 일생에서 키루스 왕에 대한 모방이 얼마나 그의 영광의 원천으로서 작용했던가를 알 수 있다. 또 스키피오의 순결과 정다움, 친절과 관용이 크세노폰이 묘사한 키루스 왕의 특성과 얼마나 많이 일치되어 있는가를 알 수 있을 것이다.

그러므로 현명한 군주는 그러한 방법을 추구하지 않으면 안 된다. 한가로울 때에도 결코 태만하게 지내서는 안 되며, 위기에 처하더라도 이를 극복할 수 있는 힘을 갖도록 노력해야 할 것이다. 그리고 운명이 자신을 버리더라도 그 시련을 극복해나갈 수 있도록 해야 한다.

---

3) 크세노폰(Xenophon)은 그리스의 역사가로, 저서에 《키루스왕의 교훈》이 있다.

제15장
왜 군주는 찬양 받거나 비난 받는가[1]

이제부터는 신하나 친구에 대한 관계에서 군주가 취할 행동과 태도는 어떠해야 하는가에 관해 생각해보자. 이 문제에 관해서는 이미 많은 사람들이 쓴 적이 있음을 알고 있기 때문에[2] 같은 문제에 대해서 쓰는 일은 감히 해서는 안 되는 짓이라고 생각하지 않을까 두렵다. 내가 그것을 다루는 데 있어서 다른 사람들이 취하였던 견해와 다르기 때문에 더욱 그러하다.

그러나 내가 이 글을 쓰는 목적은 그것을 이해하는 사람들에게 유익하였으면 하는 것이기에 그렇다. 나는 상상에 바탕한 견해보다 사물의 구체적인 실체를 따르는 것이 보다 낫다고 생각한다. 왜냐하면 많은 사람들은 그 현실적인 존재를 보지도 알지도 못한 공화국이나 군주국을 상상해왔기 때문이다.

---

[1] 이 장은 《군주론》의 골자라고 할 수 있으며, 당시 이탈리아의 정치 사상이 잘 표현되어 있다. 즉 이미 신학이나 철학이나 종교적 전통의 속박에서 벗어나서 고금古今의 역사적 사실과 생활의 실제사례에 적용하여 정치학을 과학적으로 확립하려고 하는 천재적이고 대담한 동기가 보인다. 여기에 플라톤이나 단테 등과는 커다란 거리가 있다.

[2] 멀리는 플라톤, 아리스토텔레스가 있고, 가까이는 단테의 《제정론帝政論》이나 성 아우구스티누스와 성 토마스 아퀴나스 등 신학자들의 저서가 있다. 다만 주의할 것은 마키아벨리는 플라톤이나 아리스토텔레스를 반박하면서도 그의 국가론은 아리스토텔레스의 영향을 상당히 받고 있다는 사실이다. 그리고 중세기를 통하여 정치론에는 플라톤과 아리스토텔레스의 두 근원에서 발생하는 두 개의 흐름이 있었던 것은 주의할 만한 일이다.

그러나 우리가 실제로 살고 있는 방식과 살아가지 않으면 안 될 방식 사이에는 많은 거리가 있다. 그러므로 어떻게 살아갈 것인가에 열중한 나머지 현실을 포기하는 사람은 자기 자신을 구원하는 것이 아니라 오히려 파멸시키는 것이다. 그것은 모든 일에서 완벽한 선善을 추구하고자 하는 사람은 착하지 못한 많은 사람들의 틈바구니에서 파멸당하지 않을 수 없기 때문이다. 그러므로 자기 지위를 보전하고자 하는 군주는 좋지 않은 짓을 행하는 것을 배워야 하고, 언제 그것이 필요하고 언제 그것이 필요치 않은가를 배우는 것이 매우 중요하다.

그러므로 군주에 대한 모든 공상적인 개념은 제쳐놓고 오직 실제적인 것에 대해 살펴보면, 세상 사람들의 이야기에 오르는 모든 사람들 중에서 특히 군주는 그 지위가 높기 때문에 비난이나 칭찬을 받을 수 있는 성품이 두드러지게 나타난다. 그러므로 어떤 사람은 관대하고 어떤 사람은 인색하다고 평한다. 인색하다는 말은 토스카나어로 '아바로(avaro)'라고도 하고 '미제로(misero)'라고도 하는데, '아바로'는 자기 것으로 만들기 위해 강탈하는 사람을 말하고, '미제로'는 자신이 소유한 것을 쓰지 않으려 하는 사람을 말한다. 어떤 이는 선심을 잘 쓰는 반면에 어떤 이는 탐욕스럽고, 또 어떤 이는 잔인한 반면에 어떤 이는 자비심이 많으며, 어떤 이는 불성실한 반면에 어떤 이는 성실하며, 어떤 이는 나약·비겁한 반면에 어떤 이는 기개氣槪가 있고 용감하며, 어떤 이는 겸손한 반면에 어떤 이는 무례하며, 또 어떤 이는 음탕한 반면에 어떤 이는 순결하고, 어떤 이는 진실한 반면에 어떤 이는 교활하며, 어떤 이는 단호한 반면에 어떤 이는 경솔하며, 어떤 이는 근엄한 반면에 어떤 이는 경박하며, 어떤 이는 신앙심이 깊은 반면에 어떤 이는 신앙심이 없다는 등등으로 생각한다. 이런 여러 자질 중에서 좋다고 생각되는 것을 부여받은 군주가 가장 칭찬받게 되리라는 것은 명백한 사실이다.

그러나 인간성은 그것을 허락하지 않는 까닭에 한 사람의 군주가 그 모든 것을 가지고 끊임없이 실천해간다는 것은 불가능한 일이다. 군주는 적어도 자기 나라를 빼앗기는 잘못으로 인한 오명을 피하기 위해서 매우 신중해야만 한다. 그러나 어쩔 수 없는 일이라면 그러한 악행을 저지르는 것에 대해 부담을 가지지 않을 수도 있다. 여하튼 그러한 악덕 없이 그의 권력을 유지하기 어려울 때는 그런 악덕의 오명을 쓰는 것을 결코 주저하지 말아야 한다. 왜냐하면 전반적인 문제를 잘 생각해보면 미덕처럼 보이는 것도 그것을 행하는 도중에 자신의 파멸을 가져오는 수가 있고, 반면에 악덕으로 보이는 것도 그것을 따름으로써 안전과 번영이 보장되는 경우가 있기 때문이다.

제16장

관대함[1]과 인색함

    그러면 앞에서 말한 여러 자질 가운데서 첫번째 것부터 시작하면, 관대하다는 평판을 받는 것은 좋은 일이기는 하나, 그것에 대한 좋은 평판이 없는 관대함은 이로울 리가 없다. 왜냐하면 훌륭하고 정직하게 관대한 행위가 이루어졌을지라도 그것이 사람들에게 올바로 인식되지 않으면 비난을 면치 못하기 때문이다. 그러므로 세상에서 관대하다는 명성을 유지하려면 호사스러운 허식의 형태를 소홀히 할 수가 없다. 그 결과 관대한 성격의 군주는 그러한 일에 자신의 전 재산을 탕진하고 만다. 게다가 관대하다는 평판을 유지하기 위해 민중에게 과다한 세금을 부과하지 않을 수 없게 되고, 돈을 마련하기 위해 몰수를 비롯한 모든 수단을 다 자행하게 될 것이다. 그러나 이런 일 때문에 그는 민중의 원한을 사게 될 뿐만 아니라, 재정적 빈곤으로 인해 아무에게도 존경받지 못하게 된다. 그의 낭비로 많은 사람들이 해를 입지만 혜택은 별로 받지 못하게 된다. 그 결과, 그는 우선 많은 폐해로 고통 받게 되며 결국은 위태롭게 된다. 하지만, 이 점을 알아차리고 비용을 줄이려고 하면 즉시

---

[1] 여기서 관대함(liberality)이란 돈을 아끼지 않고 선심을 잘 쓰는 것을 뜻한다.

인색하다는 오명을 쓰게 된다.

그러므로 군주는 스스로의 손실 없이 일반적으로 인식될 수 있는 관대함이라는 미덕을 행할 수 없는 경우, 그가 현명한 군주라면 인색하다는 이야기를 듣더라도 크게 개의치 않을 것이다. 왜냐하면 군주의 절약에 의하여 국가의 소득이 충실하게 되고 외적으로부터 자신을 방어할 수 있게 되며, 민중에게 부담을 주지 않고 자신의 과업을 추진한다는 것이 시간이 흐름에 따라 알려지면 그는 오히려 더 관대하다는 평을 받게 된다. '관대하다'는 것은 군주가 아무것도 얻어낼 수 없는 이들에게 행하는 것으로서 그런 사람은 무한히 많다. 이에 반해 '인색'은 군주가 아무것도 베풀 수 없는 사람에게 행하며 그런 사람은 아주 드물다.

오늘날 우리들이 본 바로는 위대한 업적을 이룩한 군주는 인색하다는 평판을 받은 사람들이며, 그 외의 모든 사람들은 실패하였다. 교황 율리우스 2세는 교황의 지위에 오르기까지는 관대하다는 평판을 이용했으나, 그 후 프랑스 왕과 전쟁을 할 때는 그 평판을 유지하려는 노력을 하지 않았다. 그러나 그는 민중에게 과중한 세금을 부과하지 않고 많은 전쟁을 수행할 수 있었는데, 이는 그가 오랫동안 절약을 계속하여 이 막대한 비용을 조달할 수 있었기 때문이다. 만일 현재의 스페인 왕[2]이 관대하다는 평판을 받았더라면 그렇게 많은 계획을 결코 수행하지도 또 성공하지도 못했을 것이다.

그러므로 군주가 그의 민중을 착취하지 않고 자신을 지킬 수 있으며, 재정의 빈곤과 멸시를 피하고 또 약탈을 하지 않기 위해서는 '인색하다'는 비난에 대해 개의치 말아야 한다. 왜냐하면 이 인색은 그의 나라를 보전하기 위해 그가 취할 수 있는 악덕 중 하나이기

---

[2] 페르난도 5세를 가리킨다.

때문이다.

이에 대하여 어떤 사람이 율리우스 카이사르는 그의 관대함으로 인해 권력을 획득했으며, 또 다른 많은 사람들에게서 관대하다는 평판을 받았기에 가장 높은 권력의 자리를 얻을 수 있었던 것이 아닌가라고 반박할 수도 있을 것이다. 이에 대해 말하자면, 그것은 이미 그 사람이 군주가 되었는가 아니면 군주가 되려고 노력하고 있는 중인가를 생각하지 않으면 안 된다. 전자의 경우 관대함은 해로운 것이지만, 후자의 경우에는 관대하다는 인식을 받는 것이 필요하다. 카이사르[3)]는 로마의 최고 권력자가 되려고 애쓴 사람 중 하나였다. 그러나 그가 최고 권력자가 된 후에도 낭비를 줄이지 않고 계속했더라면 로마제국을 파멸시키지 않을 수 없었을 것이다.

그리고 다시 누군가가 반론하여 가장 관대하다는 평을 받은 많은 군주들이 자기들의 군대를 가지고 위업을 성취하지 않았는가라고 말한다면, 나는 다음과 같이 답할 것이다. 군주가 소비하는 돈은 군주 자신의 것이거나, 그의 신하의 것이거나, 아니면 다른 사람의 것 중 어느 하나다. 첫번째와 두번째 같은 경우 군주는 인색하지 않으면 안 되나, 나머지 경우는 관대함을 조금이라도 절제해서는 안 된다. 왜냐하면 군주가 군대를 이끌고 전쟁터에 나가면, 약탈과 전리품과 몸값 등으로 군대를 유지하게 되는데, 이때 관대함은 절대적으로 필요하다. 그렇게 하지 않으면 그의 병사들은 그를 따르지 않을 것이다.

그러므로 키루스나 카이사르나 알렉산드로스가 했던 것처럼 군주의 것이나 신하의 것이 아니면 아낌없이 베풀어야만 한다. 그 이유는 남의 재물로 마구 인심을 써도 군주의 명성은 떨어지기는커

[3)] 카이사르는 주권을 잡은 지 1년 만인 B.C. 44년 3월 15일, 브루투스와 카시우스 등에 의해 살해되었다.

녕 오히려 한층 높아지게 될 것이기 때문이다. 즉, 군주를 해치는 일은 군주 자신의 것을 써버리는 경우뿐이다.

그러나 관대함만큼 그 자신을 빨리 망치는 것은 없다. 관대함을 시행하고 있는 동안은 그 관대함을 행할 잠재력을 잃어버리기 때문이다. 따라서 재정이 궁핍해지고 멸시당하며, 또한 궁핍을 피하려고 하면 강탈하게 되어 결국 원한을 사게 된다. 그렇기에, 관대함은 멸시와 원한을 사게 되는 이러한 두 가지 결과 중 어느 하나를 가져오게 되므로 군주는 반드시 이를 경계해야만 한다.4)

따라서 '관대하다'는 평판을 듣기 위해서 욕심을 부려 불명예와 증오를 낳는 경우보다는, 비록 불명예는 따르겠지만 증오는 낳지 않는 '인색하다'는 평판을 듣는 쪽이 훨씬 현명하다고 하겠다.

---

4) 아리스토텔레스의 《국가론》 중 '참왕僭上의 설'을 이용하였다.

제17장
잔인함과 인자함, 사랑받음과 두려움

효율적인 통치를 위해서라도 '잔인하다'는 평판을 두려워해선 안 된다

앞에서 말한 여러 자질 중의 다른 한 가지로 이야기를 옮겨보자. 모든 군주는 '자비롭다'는 평을 받아야지 결코 '잔인하다'는 평을 들어서는 안 된다. 동시에 이 자비로움이 악용되지 않도록 주의해야 한다. 체자레 보르지아는 잔인하다는 평을 받았으나, 그는 이 잔인성으로 말미암아 로마냐를 회복했고 그 지방에 질서와 평화, 그리고 충성심을 심어놓았다. 그러므로 우리가 진실 된 견해에서 이 문제를 생각해보면, 잔인하다는 평판을 피하기 위하여[1] 피스토이아가 두 당파에 의해 산산조각이 나도록 버려둔 피렌체 민중보

---

1) 1501년 피스토이아에서는 두 당파 간에 치열한 싸움이 일어났고, 마지막에는 온 시市가 당쟁의 와중에 휘말려 유혈과 파괴, 약탈이 성행했다. 마키아벨리는 조정사調停使로서 세 번이나 이 시에 갔다. 다음해에도 다시 싸움이 일어났기에 피렌체는 여기를 점령하였다. 피렌체인은 오랫동안 위에서 말한 제3의 방법인 평화 공작을 쓰려고 하였으나, 이것은 다만 분쟁을 조장하는 데 불과하였기에 참을 수 없어 제2의 방법을 통해 양파의 지도자를 투옥·추방함으로써 분쟁을 진압하려고 하였다. 그리하여 어떤 해결 방법이 이루어져 현재까지 계속되고 있다. 그러나 앞에서 말한 제1의 방법(지도자들을 살해하는 일)이 가장 안전한 것은 물론이다(《정략론》 제3권 제27장).

다는 체자레 보르지아가 현실적으로 훨씬 자비로웠다는 것을 알 수 있을 것이다.

따라서 군주는 그의 신하들을 결속시키고 복종하도록 하기 위해서는 잔인하다는 비난에 마음이 흔들려서는 안 된다. 지나칠 정도로 많은 자비심을 베풀어 혼란 상태를 초래하고 마침내 약탈과 유혈 사태를 빚게 하는 군주에 비하면, 가끔 잔인함을 보여 무질서를 진압하는 자가 결과만을 볼 적에 보다 더 자비롭게 보일 것이다. 그 이유는 군주의 가혹함은 단지 소수의 개개인을 해치는 데 지나지 않으나, 전자의 경우는 나라 전체를 해치게 되기 때문이다. 모든 군주들 중에서, 특히 새로운 군주의 지위에 오른 사람에게는, 그의 새로운 국가는 온갖 위험으로 가득 차 있기 때문에 이를 제거하다 보면 잔인하다는 악평을 피하기는 어렵다. 그러므로 베르길리우스는 디도[2)]의 입을 통하여, 그녀의 잔혹성은 그 통치의 새로움에 기인한다고 변명하면서 다음과 같이 말했다.

Res dura et regni novitas, me talia congnut
Morili, et late fines custode tueri.
운명의 박정함과 나의 통치에서의 새로움 때문에
나에게 그런 조치를 강요하며 넓은 영토를 감시케 하네.

그렇지만 군주는 너무 쉽게 믿어서도 안 되고, 경솔하게 행동해서도 안 되며, 자신의 두려움으로 인해 쉽게 놀라서도 안 된다. 그리고 다른 사람을 지나치게 믿은 나머지 스스로의 경계심을 버려서는 안 되고, 얼토당토않은 불신으로 다른 사람들이 그를 견디기

---

2) 베르길리우스(Vergilius, B.C. 70~19). 로마 제1의 시인이며, 디도(Dido)는 페니키아의 여왕이다.

어렵도록 만들어서도 안 된다.

여기에서 또 하나의 문제를 제기하자면, 두려움을 받는 것보다 사랑받는 것이 좋은가, 아니면 사랑받는 것보다 두려움을 받는 것이 좋은가 하는 점이다. 우리는 두 가지 다 되는 것이 바람직하다고 말할 수 있을 것이다.

그러나 사랑과 두려움을 동시에 받는다는 것은 어렵다. 만약 우리가 둘 중 어느 하나를 택하지 않으면 안 된다고 한다면 사랑받는 것보다는 두려움을 받는 것이 훨씬 안전하다. 왜냐하면 인간이란 대체로 은혜를 모르고 변덕스러우며 허위적이고 위험을 피하려고 고심하며, 이익 앞에 탐욕스러운 존재이기 때문이다. 군주가 그들에게 은혜를 베풀고 있는 동안은 군주에게 헌신적이며, 앞에서 말한 것처럼 위험이 절박하지 않을 때는 그들의 피를 흘리고, 재산을 헌납하고, 그들의 목숨과 그들 자식까지도 군주를 위해 기꺼이 바칠 것처럼 보이지만, 막상 군주가 그것을 필요로 할 때 그들은 군주에게서 등을 돌린다. 따라서 다른 안전 대책 없이 그들의 선언에 전적으로 의존했던 군주는 몰락하고 만다. 왜냐하면 위대하고 고결한 정신에 의해서 얻어진 것이 아니고 대가를 치르고 얻은 우정은 비록 상당한 값어치가 있다 할지라도 실질적인 것이 못 되며, 그것을 사용하여야 할 경우엔 소용이 없게 된다.

더욱이 인간은 자기가 두려워하고 있는 사람을 해치는 일보다 사랑하고 있는 사람을 해치는 일에 덜 주저한다. 왜냐하면 인간은 사악한 동물이므로 '의리'에 의하여 유지되는 애정 따위는 사사로운 이해관계의 변화에 따라 끊어버리기 때문이다. 그러나 두려움은 처형의 공포에 의해 묶여 있으므로 결코 사람을 버리지 못한다. 어쨌든 군주는 민중들에게 사랑받지 못한다면 적어도 증오를 초래하지 않을 만큼 자신을 두려워하게 해야 한다. 왜냐하면 두려움을

고대 로마의 왕자 섹스투스에게 강간당하는 루크레티아 부인. 섹스투스 왕자는 루크레티아 부인의 남편 콜라티누스가 전쟁터에 나간 사이, 그녀를 위협하여 범하였다. 이에 루크레티아 부인은 전쟁터에 나가있던 남편에게 급히 연락하여 사건의 전말을 밝힌 뒤, 복수를 맹세케 한 다음 자결했다. 이에 아내의 복수를 위하여 봉기한 콜라티누스는 동료 브루투스와 함께 섹스투스 왕자와 그의 아버지 타르퀴니우스 왕을 몰아내고 '공화정 로마'를 건설하였다.

받는 것과 증오를 사지 않는 것과는 확실히 양립될 수 있기 때문이다. 만약 군주가 그의 신하들의 재산이나 그들의 아내들을 넘겨다보지 않는 한 그와 같은 일은 이루어질 것이다.3)

군주는 그 어떤 경우에도 증오는 사지 말아야 한다

그리고 만일 어느 누군가를 부득이 죽이지 않으면 안 될 때에는 분명한 이유와 타당한 변명을 가지고 집행해야 한다. 하지만, 무엇보다도 다른 사람의 재산을 빼앗는 것은 삼가 해야 한다. 그 이유는 사람들은 유산의 상실보다도 아버지의 죽음을 더 빨리 잊어버

---

3) "아리스토텔레스가 참왕(僭王) 실각의 예로서 열거한 것 중에는 그들이 약탈에 의하든 간통에 의하든 이를 불문하고 신하의 부인을 범함으로서 신하의 명예를 해친 과실"을 들고 있다(《정략론》 제6권 제6장). 여기에서도 아리스토텔레스 정치론의 영향이 보인다.

릴 수 있기 때문이다. 더욱이 민중의 재산을 빼앗기 위해서는 어떠한 이유라도 있지 않으면 안 된다. 약탈을 일삼는 군주라도 남의 재산을 빼앗기 위해서는 구실을 찾아야 한다. 이와는 반대로 피를 흘리게 할 구실은 훨씬 드물며, 또한 덧없는 것이다. 그러나 군주가 그의 군대와 함께 있고 많은 병사들을 지휘하는 경우에는 잔혹하다는 비난에 마음을 써서는 안 된다. 군주에 대한 그러한 평판 없이는 군대의 결속을 유지할 수 없고 또한 군대를 통제할 수도 없기 때문이다.

한니발[4])의 눈부신 활약 중에는 이 점도 포함되어 있다. 그는 다양한 인종으로 구성된 대군을 인솔하고 외국 땅에서 싸웠으나, 그가 운이 좋을 때나 나쁠 때를 막론하고 병사들 사이에서 내분이 일어나지 않았고, 그들의 지도자에 대한 어떤 모반도 없었다. 이것을 우리는 오직 그의 초월적인 잔인함 탓이라고 할 수 있다. 많은 위대한 자질과 관련이 있는 이 잔인함은 병사들의 눈에 존경과 두려움을 주었던 것이다. 잔인하다는 평판 없이 다른 덕성만을 가지고서는 이와 같은 성과를 거둘 수 없었을 것이다.

지각없는 저술가들은 한편에서는 그의 업적을 찬양하면서도 그 성공의 주된 원인을 비난한다. 그것은 그의 다른 자질이 그에게 그렇게 효과가 있는 것이 아니었던 까닭이다. 우리는 스키피오의 경우에서 알 수 있는데, 그는 그의 시대만이 아니라 우리가 볼 수 있는 모든 시대에서 가장 위대한 인물 중의 한 사람이었지만, 부하들에게 군율軍律과 일치하지 않는 자유를 지나치게 허용한 자비심으로 인해 스페인에서는 부하들이 그에게 반항했다. 그 이유 때문에

---

4) 한니발(Hannibal)의 잔인함과 스키피오의 자비에 대한 득실 비교론은 《정략론》 제3권 제21장에 설명되어 있으며, 한니발은 카르타고의 용장勇將으로 로마를 침략했으나 실패하였다.

카르타고의 명장 한니발

　파비우스 막시무스는 원로원에서 그를 탄핵했고, 로마 군대를 타락시킨 자라고 비난했다. 그리고 로크리아의 주민들은 스키피오[5]의 한 부관에 의해 사정없이 궤멸 당했으나 그들은 그에게 복수하지 않았으며, 그는 그 부관의 횡포도 벌하지 않았다. 이것은 그의 태평한 성격에서 나온 것이다. 그를 두둔하는 어떤 사람이 원로원에서 스키피오를 변명하기를, "세상에는 다른 사람의 잘못된 행동을 바로잡는 방법보다 자기는 어떻게 하면 잘못을 저지르지 않을 수 있는가를 보다 더 잘 아는 사람들이 많다"고 말했다. 만일

---

5) 스키피오(Scipio, B.C. 236~184). 로마 장군. "스페인에서 부하들이 반항한 것은 그를 두려워하지 않았기 때문이며, 이 과오를 바로잡기 위하여 그는 그의 성질에는 전혀 없었던 잔인성을 어느 정도까지 사용하지 않으면 안 되게끔 되었다"(《정략론》 제2권 제21장).

제17장 119

스키피오가 그러한 성격을 계속 지닌 채로 사령관의 지위에 머물러 있었더라면 그의 명성과 명예는 시간이 지남에 따라 손상되었을 것이다. 그러나 그는 원로원의 통제 하에서 생활했기 때문에 이 해로운 성격은 감추어졌을 뿐 아니라 도리어 그에게 영광을 안겨다주었다.

여기서 사랑받는 문제와 두려움을 받는 문제로 되돌아가서 결론을 내리고자 한다. 사람들이란 그들 자신의 생각에 따라 다른 사람을 사랑하고 군주의 생각에 따라 군주에 대한 두려움을 가진다. 그렇기에, 현명한 군주는 다른 사람의 생각이 아니라 그 자신의 생각에 의지해야만 한다. 다만 이미 말한 바와 같이 증오 받지 않도록 최선을 다하지 않으면 안 된다.

제18장
군주가 지켜야 할 신의

군주는 사자의 용맹과 여우의 지혜를 갖춘 인간이어야 한다

　군주에게 있어서 신의를 지키며 교활하지 않고 공명정대하게 살아가는 것이 얼마나 칭찬받을 만한 일인가 하는 점은 누구나가 알고 있다. 그런데도 오늘날 우리가 경험한 바에 의하면 신의를 별로 중요시하지 않고 간사한 지혜로써 사람들을 잘 속이는 군주가 오히려 위대한 업적을 성취하였으며, 궁극적으로 신의를 믿는 군주를 압도하고 있음을 나타내고 있다.
　그런데 투쟁에는 두 가지 방법이 있음을 알아야 하는데, 그 첫째는 법에 의한 것이고, 둘째는 힘에 의한 것이다. 전자는 인간들이 수행해야 할 것이고, 후자는 짐승에 의한 것이다. 그러나 첫째 방법으로는 때때로 불충분하기 때문에 두번째 방법에 의지할 필요가 있게 된다. 그러므로 군주는 사람과 짐승에 따라 이 두 방법을 적절하게 사용하는 것을 알아야만 한다.
　이 문제에 대해서는 옛날 저술가들이 은밀하게 가르쳐주고 있다.

미래의 영웅 아킬레우스를 교육하는 케이론의 모습. 이 그림은 폼페이의 유적에서 발견되었다.

그들은 아킬레스를 비롯한 많은 군주들이 반인반수半人半獸인 '케이론'에게 맡겨져 양육되고 교육을 받았다[1]고 말하고 있다. 여기서 반인반수인 괴물에게 양육되었다는 것은, 군주는 이 두 가지 성질을 사용하는 방법을 아는 것이 필요하며, 어느 한쪽이 부족하면 다른 한쪽도 안전하지 못하다는 것을 의미하는 것이다.

그러므로 군주가 짐승의 성질을 이용하는 방법을 잘 알려고 할 경우에는 짐승 중에서도 사자와 여우를 선택해야만 한다.[2] 왜냐하면 사자는 올가미로부터 자신을 지킬 수 없고, 여우는 늑대로부터

---

[1] 그리스 신화에 나오는 이야기로서, 케이론(Cheiron)은 반인반수의 켄타우로스족 현자賢者로 의술·음악 등에 뛰어났으며, 아스클레피오스(Asklepios) 등을 양육하였다고 한다.
[2] 여우의 간사한 지혜와 사자의 용맹은 예로부터 속담으로 전해진다. 키케로의 《직분론職分論》제1권 제13장과 제41장 참조.

자신을 방어할 수 없기 때문이다. 그러므로 올가미를 분간하기 위해서는 여우가 되어야 하고, 늑대를 쫓아버리기 위해서는 사자가 되지 않으면 안 된다. 다만 전적으로 사자의 본성만 취하는 사람은 자신의 할 일을 하지 못한다. 그러므로 사려 깊은 군주라면 신의를 지키는 것이 그에게 유해하거나, 서약 당시의 조건이 이미 사라졌을 때는 신의를 지킬 수 없을 뿐더러 또 지켜서도 안 된다. 만일 모든 인간이 선량하다면 이 말은 잘못된 충고가 될 것이다.

　그러나 인간은 본질적으로 악하여3) 군주와의 신의를 지키지 않기 때문에 군주도 그들에 대한 신의를 지킬 필요가 없다. 그리고 군주는 신의를 깨뜨릴 만한 그럴 듯한 구실이나 이유를 언제나 가지고 있다. 여기에 대해선 최근에 일어났던 많은 사례를 들 수 있다. 그리고 군주의 신의가 사라졌기 때문에 얼마나 많은 중대한 조약과 약속이 깨지거나 효력을 상실했는가를 보여주고 있다. 또한 여우의 역할을 가장 잘 알고 있는 군주가 가장 훌륭히 성공했다는 것을 보여준다. 정녕 이 성질에 색칠을 멋지게 하는 것이 필요하며 흉내 내거나 얼버무리는 데 능숙해지는 것도 필요하다.

　그러나 사람은 아주 단순하며 당장의 필요에 따라 절대적으로 예속되기 때문에 기만하기를 원하는 자는 그 속임수에 잘 넘어갈 사람을 반드시 발견하게 된다. 최근의 한 예에서 내가 그냥 지나칠 수 없는 것이 있다. 교황 알렉산데르 6세는 사람을 속이는 것 이외에는 어떠한 것에도 관심을 가지지 않았으며, 또 그것을 실행할 구실을 항상 찾았다. 이 교황만큼 명확한 약속을 해놓고, 또 중대한 서약을 해놓고, 그것들을 지키지 않은 사람도 없을 것이다. 그런데도 그는 인간 본성의 이런 측면을 잘 알고 있었기 때문에 그의 속

---

3) "인간은 선보다 악에 기울어진다"(《피렌체사Ⅲ》제7권). "인간은 부득이한 경우를 제외하고는 결코 선을 행하지 않는다"(《정략론》제1권 제9장).

임수는 항상 성공하였다.

 그런데 군주는 내가 앞에서 열거한 모든 좋은 자질을 꼭 가져야 할 필요는 없으나 다만 그것들을 갖추고 있는 것처럼 보여줄 필요는 있다. 나는 감히 확언하건대, 만일 군주가 그러한 자질을 갖추고 있고 그것을 변함없이 실행하는 일은 이로울 리 없지만, 그것을 갖춘 것처럼 보이는 것은 유익하다. 자비롭고 신의가 있으며, 인정 있고 경건하고 공명정대해야 하며, 또한 실제로 그렇게 행동해야 하지만, 그러한 덕과 반대되는 일을 해야 할 필요가 있을 때는 그 반대쪽으로 전환할 수 있어야 하며, 또한 능숙하게 해낼 수 있다는 마음가짐이 되어 있어야 한다.

군주는 무슨 수를 써서라도 자신의 권위를 확립하고 보전해야 한다

 군주는, 특히 새 군주는 사람들이 '선善'이라고 말하는 행동 규범을 모두 지킬 수는 없으며, 또 나라를 보전하기 위해서는 신의와 자비와 인정과 신앙심에 반대되는 행동을 종종 강요당한다는 것을 이해하지 않으면 안 된다.

 그러므로 군주는 운명의 바람과 물결의 전환에 따라 방향을 변경할 수 있는 마음의 준비가 항상 되어 있어야 한다. 그리고 이미 말한 바와 같이 할 수 있는 일이라면 선한 방향에서 벗어나서는 안 되며, 그러나 부득이한 때는 악한 방향도 따라야 한다는 것을 알고 있어야 한다.

 그러므로 군주는 앞에서 말한 다섯 가지 자질을 갖추고 있지 않은 듯한 말을 입 밖에 내는 일이 없도록 특히 주의해야 한다. 그리하여 군주를 보거나 군주의 말을 듣거나 하는 사람들에게 군주는 인자하고 고결하며 인간적이며 올바르고 신앙심도 깊다는 인상을 주어야 한다. 그리고 독실한 신앙심을 갖추고 있는 듯이 보이는 것보다 더 필요한 것은 없다. 왜냐하면 사람들은 일반적으로 손으로 접하여 판단하는 것보다 눈으로 보고 판단하기 때문이다. 그 이유는 모든 사람이 볼 수는 있으나 접촉은 소수의 사람들밖에 할 수 없다. 모든 사람들은 군주에 대하여 겉모습만 알 뿐 어떤 사람인가를 아는 사람은 많지 않다. 그리고 이 소수의 사람들은 국가의 권위에 의해 보호받고 있는 다수의 사람들의 의견에 감히 반대하지 않는다.

더욱이 모든 사람들의 행동에 있어, 특히 군주의 행동에 있어서는 호소할 수 있는 재판소가 없기 때문에 다만 결과만을 보고 판단한다.[4] 그러므로 군주는 그의 권위를 확립하고 보전하는 데 성공하지 않으면 안 된다. 그 수단은 모든 사람에 의해 항상 영광스런 것으로 판단되고 찬양받을 것이다. 왜냐하면 민중은 항상 표면적인 것과 결과에 의하여 평가하게 되는데, 세상 어느 곳이나 그런 민중은 있게 마련이다. 그러나 극소수의 사람들이 지위와 국가를 획득한 반면에 대다수 민중들은 그들을 결코 지지하지는 않는다.[5]

---

[4] 이 대목은 《정략론》 제1권 제9장의 "이루어질 결과가 훌륭한 것이라면 언제든지 저지른 죄는 용서받는다"라는 말과 함께, 소위 마키아벨리즘 (목적을 위해서는 수단을 가리지 않는 주의)의 대표적인 근거로서 종종 사용되고 있다. 그러나 마키아벨리에 있어서는 후세에 과장되어 생각되고 있는 것처럼 목적과 수단에 대한 엄밀한 구별은 없다. 또한 그가 종종 논하고 있는 것처럼 군주가 계략을 써야 할 때는 긴급 사태의 경우다. 따라서 이 대목만을 가지고서 일반론으로 보는 것은 타당하지 않다. 뿐만 아니라 여기에서도 대중 심리의 분석과 관련하여 논하고 있는 데 주목해야 한다. 즉 사회적·정치적 의식이 낮은 대중은 대체로 겉모양이나 결과만을 중시하기 쉽다는 이유를 바탕으로 주장하고 있다는 점이다.

[5] 주권자는 어떤 경우든 그 나라를 보호하고 유지·번영시키지 않으면 안 될 실제적 의무가 있기 때문에, 어떻게 하든 이것을 실현·달성하기 위해서는 세상의 이러한 현실적

그 이름을 말하지는 않겠으나 오늘날 어떤 군주6)는 항상 평화와 신의를 설교하나 사실 그는 이 양자와는 정반대의 사람이다. 그가 만일 설교한 대로 그것을 실행했더라면, 그는 그의 왕국과 권위를 몇 번이나 잃어버렸을 것이다.

요구에 따라서 개인적 도덕감을 초월하지 않으면 안 될 일이 있다.
6) 이 왕은 아라곤의 페르난도 왕. 저자는 이름을 밝히진 않았으나 페르난도 왕임이 분명하다.

제19장
경멸과 증오를 피하려면

군주는 신하들 앞에서 자신의 나약한 점을 보여주면 안 된다

그런데 앞에서 지적한 여러 자질 중에서 중요한 것은 이미 말하였기에 나머지 것에 대해서는 일반적인 의견으로 간단히 논하고자 한다.[1] 이미 부분적으로 말한 바와 같이 군주는 증오나 경멸을 사게 될 행동을 어떻게 피할 것인가를 생각하지 않으면 안 된다. 그리고 이것을 피하는 데 성공한다면 그의 임무를 훌륭히 수행할 수 있을 것이며, 어떤 다른 악덕을 행했다 하더라도 두려워할 필요가 없다.

내가 앞에서 말한 것처럼 군주는 신하의 재산이나 부녀자를 빼앗거나 겁탈하면 가장 큰 증오를 사게 되므로 이를 삼가해야 한다. 그들의 재산과 명예를 빼앗기지 않는 한 사람들은 만족하며 살기 때문에 군주는 다만 소수의 사람들의 야심과 맞서기만 하면 되는

---
[1] 군주의 자질에 관해서는 이미 관대함과 인색함(제16장), 잔인함과 인자함(제17장), 교활함과 신의(제18장)의 이해득실을 논하였다. 여기서는 제15장에서 했던 이야기를 상세하게 논하고 있다. 군주가 지켜야 할 두 가지 주의사항, 즉 민중으로부터 증오와 멸시를 받아서는 안 된다는 것과 로마 황제들의 사례를 논하고 있다.

데, 이를 위해서는 많은 방법이 있을 뿐 아니라 또한 이를 쉽게 억제할 수도 있다.

군주는 변덕스럽고 천박하며 나약하고 무기력하며 우유부단[2]하다고 보여질 때 멸시당한다. 이러한 결점에 대해 군주는 배가 위험한 암초에 부딪치지 않도록 경계하는 것과 같이 위대함과 용기와 엄숙함과 과감함을 보여주도록 노력하지 않으면 안 된다. 신하와의 사사로운 문제에도 군주의 결정은 결코 철회될 수 없으며, 아무도 군주를 속이거나 아첨할 엄두조차 내지 못한다는 평을 듣게끔 해야 한다. 그러한 여론을 일으킬 수 있는 군주는 위대한 인물로 평가되며, 또한 위대하게 평가된 군주에 대한 반역은 어렵다. 그가 탁월한 군주이고 신하들의 존경을 받고 있는 한 쉽게 공격당하지 않는다.

그러므로 군주는 다음과 같은 두 가지 사실을 두려워해야 하는데, 하나는 신하들을 두려워해야 하고, 다른 하나는 외세를 두려워해야 한다. 후자에 대해서는 훌륭한 군대와 좋은 동맹국이 있으면 자신을 방어할 수 있다. 그리고 훌륭한 장비를 갖추고 있으면 항상 좋은 동맹국을 갖게 된다. 그 나라가 음모에 의해 혼란스럽다 하더라도 대외적인 문제가 안정되어 있다면 국내적인 문제도 안정될 것이다. 만일 외세의 침입이 있다고 하더라도 앞서 논한 것처럼 군주가 행동하고 또한 잘 조직된 군대만 있다면 모든 공격을 막아낼 수 있다. 그것은 앞서 말한 스파르타인 나비스의 예가 여기에 속한다.

외세의 침략이 없을 때, 그의 신하에 대해서는 그들이 은밀한 음모를 꾸미는 것을 두려워해야 한다. 군주는 그들에게서 증오와 멸

---

[2] 이런 성격은 아리스토텔레스가 《정치학》에서 군주가 삼가해야 할 성격으로 들고 있다.

시를 피하며 그의 백성과 좋은 관계를 유지하고 있을 때 가장 안전하게 자신을 지킬 수 있다. 이러한 점은 이미 상세하게 설명한 바 있으며 또한 정말로 중요한 것이니 그렇게 하지 않으면 안 된다. 그의 신하의 무리들에 의해 증오받거나 멸시받지 않는 것이 군주가 음모에 대항할 수 있는 가장 확실한 방어 방법 중 하나다. 왜냐하면 음모를 꾸미는 사람들은 항상 군주를 죽임으로써 민중의 환심을 살 수 있다고 생각하기 때문이다. 그러나 그렇게 하는 것이 환심이 아니라 민중의 분노를 사게 된다고 생각하면 그들은 그 계획을 수행할 용기를 잃고 말 것이다. 그 이유는 음모가들에게는 무한한 어려움이 있기 때문이며, 경험에 의해 알 수 있는 바와 같이 음모는 많았으나 성공한 적은 거의 없었기 때문이다.

카이사르의 최후. 암살자들에게 둘러싸인 카이사르가 암살자들 중 하나이자 그 자신이 마지막까지 믿었던 브루투스에게 손을 내밀어 구원을 청하고 있으나, 브루투스는 끝끝내 외면한 채 카이사르를 찌르려 하고 있다. 마키아벨리의 지적대로 이들의 음모 또한 민중의 분노를 삼으로써 실패하였다.

음모는 단독으로 계획할 수 없으며 불평이 많은 사람들을 제외하고는 같은 패거리로 단정할 수도 없다. 그러나 군주가 불평가들에게 속마음을 털어놓게 되면 그들에게 만족할 만한 어떤 기회를 제공하는 결과를 초래한다. 왜냐하면 그들은 군주의 속마음을 알았다는 것을 기회로 많은 이득을 얻을 수 있기 때문이다. 그러므로 한편에 있어서는 확실한 이득이, 다른 한편에서는 의심과 위험이 있음을 생각하면서, 만일 그들이 군주의 비밀을 지킨다면 그들은 군주에게 있어 둘도 없는 친구가 될 것이며, 배신한다면 불구대천의 원수가 될 것이다.

신하들의 음모를 예방하려면 민중들에게서 호감을 사라

이 문제를 간단하게 요약하면 음모가의 편에는 두려움과 질투, 그리고 형벌에 대한 공포가 있고, 반대로 군주의 편에는 법률과 왕권의 위엄과 그를 지켜주는 친구들과 국가의 보호가 있다. 거기에 민중의 일반적인 선의가 추가되면 어느 누구도 경솔하게 음모를 꾸미기는 어렵게 된다. 왜냐하면 일반적인 경우에 있어 악행을 실행하기 전에 공포를 느끼게 되며, 이 경우에는 범죄를 저지른 뒤에도 민중을 그의 적으로 삼게 되었기 때문에 역시 두려워한다. 그렇기에 은신처를 찾기 위한 모든 희망도 끊어지게 된다. 이 문제에 대한 수많은 실례를 들 수 있으나, 나는 우리 선대에서 일어났던 하나의 예만을 드는 것으로 만족하고자 한다.

메세르 안니발레의 할아버지이자 볼로냐의 군주였던 메세르 안니발레 벤티볼리는 칸네스키 일족의 모반에 의해 살해되었으며,[3)]

그때 벤티볼리의 일족으로는 강보에 싸여있던 메세르 조반니만이 살아남았다. 살해 직후 민중들이 봉기하여 칸네스키 일족을 모조리 죽여버렸다. 이것은 벤티볼리 가(家)가 볼로냐의 민중들에게서 신망을 얻고 있었기 때문이다.

메세르 안니발레가 죽은 후 그 가문의 출신으로서 나라를 통치할 수 있는 사람은 아무도 남아 있지 않았으나, 벤티볼리 가의 한 후예가 그때 대장장이의 아들로 피렌체에 살고 있다는 사실을 전해들은 볼로냐 시민들은 그를 찾아가서 그에게 그 도시의 통치권을 위임하였다. 그는 메세르 조반니가 정무(政務)를 맡아볼 나이가 될 때까지 그 도시를 통치하였다.

간단히 말하면 군주는 민중들이 그에게 호감을 가지고 있을 때는 음모 등에 대해 두려움을 가지지 않아도 되나, 민중이 적의를 가지고 혐오감을 품게 될 때에는 모든 일과 모든 사람에 대하여 두려움을 가지지 않으면 안 된다. 그러므로 질서가 잘 잡힌 국가나 현명한 군주는 귀족들이 절망에 빠지지 않도록, 또 민중들이 만족하며 안심하고 살 수 있도록 극단적인 관심을 가져왔다. 즉 이것이 군주가 신경 쓰지 않으면 안 될 가장 중요한 문제 중 하나다.

오늘날 가장 질서가 정연하고 훌륭히 통치되고 있는 왕국 중에 프랑스가 있다. 이 나라에는 왕의 자유와 안전을 보장하는 훌륭한 제도가 무수히 많으나, 그 중에서도 가장 중요한 것은 고등법원[4]과 그 권능이다. 이 나라의 창시자들은 귀족의 야심과 그 횡포를 알고 있었기에 그들을 억제하고 견제하는 것이 필요하다고 판단하였다. 그와 동시에 민중들이 귀족에 대해 공포감에서 생겨난 증오

---

3) 메세르 안니발레 벤티볼리(Messer Annibale Bentivogli) 사건은 1445년의 일이며 칸네스키 일족의 모반에 의해 살해되었다.
4) 고등법원(Parliament) 제도의 창시자는 13세기의 루이 9세다. 이 고등법원은 국왕의 명에 의하여 수시로 소집되었다.

심을 품고 있음을 알고 민중을 위로하려고 하였다. 그러나 민중들을 보호해야 한다는 것은 왕에게 부과된 특별한 관심사는 아니라고 생각하였다. 왜냐하면 민중을 두둔하면 귀족에게서 증오심이 일어날 것이기 때문이었다. 그러면서도, 귀족을 두둔함으로써 일어날지도 모를 민중들의 증오심으로부터 자신을 보호하고자 했다. 그래서 군주의 지시가 없더라도 약자를 보호하고 강자를 누를 수 있는 중재자로서 행동하기 위한 고등법원을 설치했다. 왕과 왕국의 안전을 위해 이것보다 더 현명한 제도는 없다.

여기에서 우리는 다른 중요한 문제를 해결할 수 있다. 즉 군주는 책임이 따르는 문제는 다른 사람에게 맡겨야 하나 은혜와 도움에 관계되는 문제는 스스로 해결해야 한다. 다시 말하거니와 군주는 귀족들을 존중해야 하지만, 그로 인해 민중들에게서 미움을 사서는 안 된다.

몰락한 로마황제들에게서 얻는 교훈

로마 황제들의 생애와 죽음을 연구해본 사람들은 이렇게 생각할 것이다. 로마 황제 중에는 훌륭한 인생을 살았고 위대한 자질을 가지고 있었는데도 자신의 제국을 잃거나 음모를 꾸민 신하들에 의해 죽임을 당하기까지 했으니, 내가 말한 견해에 반대되는 사례가 아니냐고 할 것이다.

이 반론에 답하기 위하여 나는 몇몇 황제의 성격을 검토하여, 그들의 몰락 원인은 내가 지적한 것과 모순되는 것이 아님을 밝히려 한다. 이렇게 하는 것과 동시에 당시의 역사를 공부하는 사람들에게 어떤 주목할 만한 것을 제시하고자 한다.

철학자 마르쿠스 황제의 시대로부터 막시미누스 황제의 시대에 이르는 동안 로마제국을 통치하였던 모든 황제를 들어 반론에 답할 것이다. 이 기간 중의 황제는 마르쿠스, 그의 아들 코모두스, 페르티낙스, 율리아누스, 세베루스, 그의 아들 카라칼라, 마크리누스, 헬리오가발루스, 알레산데르와 막시미누스 등이다.[5]

그런데 먼저 주의하지 않으면 안 될 일은 다른 군주국에 있어서의 군주는 다만 귀족의 야심과 민중의 오만함에 맞서기만 하면 되는데, 로마 황제는 병사들의 잔혹함과 탐욕을 견뎌내야 하는 보다 더한 어려움을 안고 있었다. 이것은 많은 황제들의 파멸의 원인이 되었을 만큼 매우 커다란 문제였다. 왜냐하면 병사와 민중 양쪽을 동시에 만족시키는 일은 거의 불가능했기 때문이다. 후자는 평화를 사랑하기에 온건한 황제를 좋아하였으나, 전자는 호전적이고 가혹하며 거만하고 탐욕스러운 군주를 택했다., 병사들은 자기들의 급료를 배로 올리고 그들의 탐욕과 잔인성에 흠뻑 빠질 수 있도록 하기 위해 황제가 민중에게 그러한 기질을 행사할 것을 바랬다.

그러므로 민중과 병사를 견제할 만한 정도의 권위를 이어받지 못하였거나 획득하지 못한 황제들은 언제나 몰락하였다.

많은 황제들 가운데 특히 새로 황제가 되어 통치의 경험이 없는 황제는 이 두 상이한 부류의 마찰로부터 발생되는 어려움을 알고서는 병사를 만족시키기 위해 민중의 감정을 상하게 하는 데는 별 관심도 두지 않았다. 그리고 그들에게는 이러한 것은 필요한 조치

---

[5] 각 황제의 재위 기간은 마르쿠스(Marcus)가 161~180년, 코모두스(Commodus)가 180~192년, 페르티낙스(Pertinax)가 193년, 율리아누스(Julianus)가 193년, 세베루스(Severus)가 193~211년, 카라칼라(Caracalla)가 211~217년, 마크리누스(Macrinus)가 217~218년, 헬리오가발루스(Heliogabalus)가 218~222년, 알렉산데르(Alexander)가 222~235년, 막시미누스(Maximinus)가 235~238년 등이다

였다. 왜냐하면 군주가 어느 한 무리의 증오를 피할 수 없다고 할 때, 무엇보다 군중들로부터 증오를 받는 일이 없도록 최선을 다해야 한다. 이것이 불가능하다고 하면 보다 강한 무리의 증오를 피하기 위해 전력을 다하지 않으면 안 된다. 따라서 새로 황제가 된 자는 특별한 지원이 필요하기 때문에 민중이 아니라 병사에 의존하였다. 그런데 이 방침이 황제에게 유익하였던가 불리하였던가는 황제가 병사들로부터 그의 권위를 유지하였던가 못 하였던가에 달려 있다.

앞에서 지적한 점으로 볼 때 마르쿠스, 페르티낙스, 알렉산데르 등은 온건한 성격의 군주들로서 정의를 사랑하고 잔혹함을 미워하며 정중하고 인정이 많았으나, 마르쿠스를 제외하고는 모두 불행한 최후를 마쳤다. 오직 마르쿠스 혼자만이 가장 명예로운 삶을 살았는데, 그 이유는 상속권에 의해 제위를 계승받았기 때문에 병사나 민중의 지지에 의존할 필요가 없었기 때문이었다. 그는 더욱이 존경받을 만한 많은 미덕을 갖추고 있었고, 그 생애를 통해 양자와는 적당한 범위 내에서 관계를 유지했으므로 증오와 멸시를 받는 일이 없었기 때문이었다.

그러나 페르티낙스는 군대의 뜻에 반하는 황제였는데, 코모두스 치하에서 방종한 생활에 익숙해진 병사들은 후계자인 페르티낙스가 자신들을 바로잡기 위해 추구한 엄격한 군율을 견뎌내지 못했다. 결국 그는 미움을 사게 되었고, 그의 노령老齡으로 인해 멸시를 받아 통치의 초창기에 몰락하고 말았다.

그런데 여기서 선행도 악행과 마찬가지로 증오를 일으키게 된다는 점에 주의하지 않으면 안 된다. 이런 이유로 인하여 앞에서 말한 것처럼 자신의 권력을 보전하여야 할 군주는 종종 '선행이 아닌 행동'을 강요당하게 된다. 왜냐하면 군주가 그 지위를 보전하기 위해 의지할 필요가 있다고 판단한 계급이 — 그것이 민중이든 병사든 귀족이든 간에 — 부패하였을 때는 군주는 그들에게 자기 자신을 적응시키고 그들을 만족시켜주어야 한다. 이런 상황 아래서 선행을 한다는 것은 다만 군주 자신을 해치게 될 따름이다.

여기서 알렉산데르6)의 경우를 보자. 그는 공명정대한 지배자였고 칭찬받을 만한 행동이 많았으나, 그 중에서도 14년간의 제위 기간을 통해 정식 재판 없이 그에게 사형당한 자는 한 사람도 없었다. 그런데도 그는 나약하다는 평가를 받았으며, 그의 어머니의 뜻에 따라 통치한다고 간주되어 경멸당했을 뿐 아니라 군인들이 음모를 꾸며 그를 살해하고 말았다.

경멸과 증오로부터 자신을 지키는데 성공한 세베루스 황제

우리가 코모두스나 세베루스, 막시무스, 그리고 카라칼라 등의 성격을 검토해보면, 그들은 모두 잔인하고 탐욕스러운 군주들임을 알게 될 것이다. 그들은 병사들을 만족시키기 위해 민중에게 온갖 부징을 저지르는 것을 주저하지 않았다. 그리고, 세베루스를 제외하고 그들은 모두 비참한 최후를 마쳤다.

세베루스7)는 비록 민중을 억압하긴 했지만 탁월한 능력으로 병사들을 자기편으로 끌어들일 수 있었기 때문에 마지막까지 순조롭

---

6) 알렉산데르는 헬리오가발루스가 암살된 후 즉위했다. 원로원과 협조하여 문치주의文治主義 정책을 수행했다. 대외 정책은 소극적이었으며, 게르만족에게 보상금을 주고 화해하려 했으나, 이 때문에 오히려 군대의 신망을 잃고 살해되었다.
7) 세베루스는 군대 부하들의 지지로 추대되어 로마에 입성하였다. 그는 근위대를 해산하고 새로 친위대를 편성하여 각지의 정적政敵을 격파하고 독재권을 확립하였다.

게 통치할 수 있었다. 그의 위대한 자질 덕분에 그는 민중의 눈에나 그리고 병사들의 눈에나 존경할 만한 인물로 보였다. 그렇기 때문에 민중은 그를 훌륭하고 두렵게 생각한 반면 병사들은 그를 존경하고 만족스러워했다.

그런데 그의 행동은 새로운 군주로서는 비범한 것이었기에, 그가 사자와 여우의 본성을 이용하는 것을 얼마나 잘 이해하고 있었던가를 간단히 지적하고자 한다. 앞에서 말한 바와 같이 이런 성격은 군주가 알아두지 않으면 안 되는 것이다.

율리아누스 황제의 우유부단한 성격을 알게 된 세베루스는 일리리아[8]에서 그의 지휘하의 군대에게 지난번 근위대에 의해 살해된 페르티낙스의 복수를 위해 로마로 진격하는 것이 우리들의 의무라고 설득하였다. 이 구실 하에 로마제국에 대한 그의 계획을 노출시키지 않고 군대를 로마로 진군시켰으며, 그의 출동이 로마에 알려지기도 전에 이탈리아에 도착하였다. 그가 로마에 도착하자 공포에 떤 원로원은 그를 황제로 선출하였고 율리아누스를 죽여버렸다.

이 첫 조치를 취한 후에 로마제국의 유일한 지배자가 되려고 한 그에게는 아직 두 가지 장애가 남아 있었다. 하나는 아시아에 있었는데, 거기서 아시아 방면의 군대를 지휘하고 있던 니게르가 황제를 자칭하고 있었다.[9] 다른 하나는 서방에 있었는데, 거기에는 황제를 열망하고 있던 알비누스가 사령관으로 있었다. 그리하여 세베루스는 두 사람 모두에 대해 동시에 전쟁을 선포하게 되면 위험하다고 판단하여 니게르는 군대로 공격하고 알비누스에게는 술책을 걸려고 하였다.

---

[8] 일리리아(Ilyria)는 옛날 아드리아해 동쪽 지방. 현재 크로아티아 공화국의 일부인 슬라보니아를 가리킨다.
[9] 니게르(Niger)는 193년, 황제를 자칭하였으나 니케아에서 패전하고 병사에 의해 살해되었다(195).

그리하여 그는 알비누스에게 편지를 보내어 자신은 원로원에 의해 황제로 선출되었기에 알비누스와 이 권위를 나누어 가지고자 그대에게 카이사르의 칭호를 보내며, 원로원의 결정에 따라 그대와는 같은 지위가 되었다고 알렸다. 알비누스는 이 말을 진실로 받아들였다. 그러나 세베루스가 니게르를 패배시켜 죽여버리고 동방의 평온을 회복한 다음 로마로 회군하자마자 원로원에 호소하여, 알비누스는 나에게서 받은 호의를 전혀 염두에 두지 않고 배신하여 나를 파멸시키려 하고 있으니 그의 배신행위를 처벌하러 부득이 출병하지 않을 수 없다고 주장했다. 그런 후에 프랑스로 가서 알비누스를 공격하여 그의 영토와 생명을 빼앗아버렸다.[10]

그런데 이 황제의 행동을 조심스럽게 검토해본 사람이라면 누구나 그에게서 사자의 모질고 사나운 점과 여우의 교활함을 발견하게 될 것이다. 또 그는 민중들에겐 경외의 대상이 되었고 군인에겐 증오 받지 않았기에, 비록 새로운 군주이기는 했으나 그토록 거대한 제국을 장악·보전할 수 있었다는 것에 대해 놀라지 않을 수가 없다. 그 이유는, 그의 탁월한 명성은 그의 잔인함과 탐욕으로 인하여 민중들이 품을 수도 있었던 혐오감으로부터 항상 자신을 방어할 수 있었기 때문이다.

영향력과 강력함을 갖춘 무리들로부터의 경멸을 자초한 황제들의 파멸

그의 아들인 카라칼라[11])도 역시 탁월한 자질을 갖춘 인물이었으

---

10) 알비누스는 193년 황제를 자칭하였으나, 198년 세베루스에게 리용에서 패하고 포로가 되어 로마에서 처형되었다.

며, 민중에게 찬사 받고 군인들에게 환대받는 인물이었다. 그는 상무정신尙武精神을 가졌고, 어려움을 잘 견디어내며, 미식美食과 그 밖의 모든 나약한 것을 경멸하였기 때문에 군인들에게서 인정받을 수 있었다. 그런데도 그의 흉악함과 잔인함은 엄청날 뿐 아니라 일찍이 들어보지 못한 것이었으며, 여러 번에 걸쳐 대다수의 로마 주민과 알렉산드리아 주민 대부분을 살육하고 말았다. 그리하여 전 세계로부터 혐오감을 사게 되었고 측근자들까지도 두려워하게 되어, 마침내 병사들 중에서 한 백인대장12)에게 살해되었다.

여기에서 주목해야 할 것은 계획적이고도 확고한 결의에 의해 이루어지는 이러한 살해는 군주조차 피할 길이 없다. 왜냐하면 자신의 목숨을 대수롭지 않게 여기는 사람은 언제나 타인을 죽일 수도 있기 때문이다. 그러나 그러한 시도는 거의 없기 때문에 군주는 별로 두려워할 필요가 없다. 하지만, 군주는 자기의 측근자와 조정朝廷의 신하로서 자기 주위에 있는 자들에게는 중대한 해를 끼치지 않도록 주의해야 한다.

카라칼라는 이 주의를 무시하였는데, 한 예로 그는 어느 백인대장의 형제 한 사람을 명예롭지 못하게 죽였고, 그러고 나서도 그 백인대장을 매일 위협하였지만 그를 근위대장으로 그냥 남겨두었던 것이다. 이것은 카라칼라가 파멸하게 된 치명적인 원인이었다.

다음에는 코모두스13)의 경우를 보자. 그는 계승권에 의해 제왕

---

11) 세베루스의 맏아들이다. 아버지가 죽은 후, 아우 게타와 함께 통치하였으나 마침내 아우를 죽이고 독재권을 굳혔다. 군대의 지지를 얻기 위하여 급여를 증액하고, 항복자를 제외한 로마제국 내의 모든 자유인에게 시민권을 부여하는 칙령을 발표했으며 보다 많은 세금의 징수를 기획했다. 거대한 카라칼라 목욕탕을 만들어 방탕한 생활을 한 것은 유명하다.
12) 옛 로마 군대의 100명으로 조직된 단위 부대의 장.
13) 코모두스는 마르쿠스 아우렐리우스의 아들이며 총신정치寵臣政治를 실시했다. 누이 루키라 등에 의한 음모 계획을 알아차리고 진압한 후로는 잔인성을 발휘했으며, 원로원과 대립했다. 헤라클레스의 화신이라 자칭하며 그렇게 분장하고 경기장을 출입했다. 음모

의 지위를 획득했기에 제위를 보전하는 것은 아주 쉬웠다. 왜냐하면 마르쿠스 황제의 아들인 그는 아버지의 발자취를 따르기만 하면 되었고, 민중과 병사들을 만족시켜주기만 하면 되었기 때문이다. 그러나 그는 잔인하고 야수적인 성격의 소유자였으므로 민중의 희생 위에 자신의 탐욕을 만족시키려 했고, 군인의 지지를 받으려고 결국 그들을 방종하게 만들었다. 그는 반면에 자신의 신분을 전혀 고려하지 않고 검투사와 싸우기 위해 종종 경기장에 내려갔다. 황제의 신분에 완전히 어긋나는 이 비열한 행동 때문에 병사들조차 멸시의 눈초리를 보내게 되었다. 그리하여 한편에서는 증오를, 다른 편에서는 멸시를 받았으며 마지막에는 음모에 의해 살해되었다.

막시미누스14)의 성격에 대한 설명이 아직 남아 있다. 그는 매우 호전적인 성격의 소유자였는데, 이미 말한 바와 같이 알렉산데르의 나약한 성격에 싫증이 난 군인들이 그를 죽이고 막시미누스를 황제로 선출했다. 그러나 그는 이 권력을 오래 보전하지 못했다. 왜냐하면 두 가지 상황이 그에게 증오와 경멸을 가져다주었다. 하나는 미천한 신분 출신이었기 때문이었는데, 그가 한때 트라세 지방에서 양치기로 있었다는 사실이 널리 알려져서 모든 사람들이 경멸하게 되었다. 또 하나는 황제가 되었음을 선포하였을 때 로마로 가서 황제의 자리에 오르는 일을 늦춘 것이다. 그는 로마뿐 아니라 제국의 각지에 파견한 장관들을 통해 저지른 수많은 잔혹 행

에 의해 선동된 검투사에 의해 교살당했다.
14) 막시미누스는 트라세의 농민 출신. 알렉산데르의 암살 후, 장신長身·거대巨大·대식大食으로 부하의 신망을 얻어 최초의 군인 황제로 추대되었다. 라인·도나우 지방의 야만족을 정벌하였으나 원로원을 무시하였기에 '공공의 적'으로 선언되었고, 이탈리아 진군 도중 부하의 손에 죽었다.

사자가죽과 곤봉으로 헤라클레스처럼 분장한 로마제국 황제 코모두스

위로 잔인무도하다는 평을 듣게 되었다. 그 결과 전세계는 그의 미천한 혈통에 대해 경멸감을 나타내었고, 또한 그 잔인성에 대한 공포감이 증오심을 불러일으켜, 먼저 아프리카에서 그리고 뒤이어 원로원과 로마 민중과 이탈리아 전체가 그에게 반항하였다. 이 반란에는 황제의 군대까지도 가담하였다. 왜냐하면 병사들이 아퀴레이아를 포위하고 있었을 때, 그것을 점령하는 데는 많은 어려움이 있음을 알았다. 바로 그 때 그들은 황제의 잔인성에 진절머리가 난 상태였으며, 그리고 그를 반대하는 자들 또한 많음을 알고선 마침내 그를 죽여버렸다.

나는 헬리오가발루스[15]와 마크리누스, 또는 율리아누스에 대해서는 말하지 않겠다. 그들은 모두 비열하였기 때문에 곧 몰락하고 말았다.

오늘날의 군주는 그들의 군대에게 만족을 주기 위해 부단한 노력을 해야 하는 어려움은 거의 없다고 말함으로써 이 논의에 대한 결론을 맺고자 한다. 물론 오늘날의 군주는 병사들에게 얼마간의 관심을 기울이고 있는 것은 사실이지만, 이러한 일은 쉽게 해결된다. 그 이유는 이러한 군주들은 로마제국의 군대처럼 그 지방의 통치나 행정에 익숙한 군대를 거느리고 있지 않기 때문이다. 그리고 로마 시대에는 민중보다 병사들을 더 만족시켜야 할 필요가 있었는데, 그것은 병사들이 민중보다 더 강력하였기 때문이다. 오늘날에는 터키와 이집트의 술탄(이슬람교국 군주)[16]을 제외하고는 병사들보다 민중을 만족시키는 일이 모든 군주에겐 더욱 필요하다. 왜

---

15) 헬리오가발루스는 14세에 군대의 지지로 추대되어 즉위하였으나, 품행이 나빠 군대의 반란에 의해 살해되었다.
16) 콘스탄티노플(터키)의 이슬람교국 군주와 이집트의 이슬람교국 군주는 자국의 군사력이 있어 안정되어 있었다. 당시 터키의 술탄(the Sultan)은 셀림 1세였다. 이집트는 1517년에 터키에 의해 병합되었다.

냐하면 그들은 훨씬 영향력이 있고 군대보다 훨씬 강력하기 때문이다.

새로운 군주가 세베루스 황제와 마르쿠스 황제에게서 배워야 할 점

내가 이집트와 터키의 술탄을 제외한 이유는, 터키의 술탄은 그의 주위에 항상 1만 2000명의 보병과 1만 5000명의 기병을 가지고 있는데 그는 그들에게 왕국의 안전과 힘을 의지하고 있다. 그러므로 터키 군주는 민중을 위한 모든 생각은 부차적인 것이고 병사들과 좋은 관계를 유지할 필요가 있다. 마찬가지로 이집트의 술탄 정부도 모든 것이 군대의 통제 하에 있으므로 민중에 대한 배려 없이 병사들과의 친밀한 관계만을 잘 유지하면 되었다.

그러나 술탄 왕국은 다른 모든 군주국들과 같지 않다는 점에 주의하여야 한다. 즉 새로운 왕국으로도 세습 왕국으로도 분류할 수 없는 기독교의 교황제와 비슷하다. 왜냐하면 죽은 군주의 자식들이 그의 상속자로서 왕위를 계승하는 것이 아니라 선출 권한을 가진 사람들에 의해 왕위에 오르게 된다. 이것은 옛날부터 내려오는 기존의 제도이므로 이 왕국을 새로운 왕국이라고 일컬을 수는 없다. 그 이유는 거기에는 새로운 왕국에 수반되는 어려움이 전혀 발견되지 않기 때문이다. 왜냐하면 비록 군주는 새롭더라도 국가의 제도는 기존의 것이고, 선출된 군주가 마치 세습적 군주처럼 받아들여지도록 되어 있기 때문이다.

그러면 다시 본론으로 돌아가서, 앞에서 내가 말한 것을 주의 깊게 생각해본 사람들은 여러 황제들의 파멸의 원인이 증오와 경멸에 있음을 알 수 있을 것이다. 또한 그 황제들 중에 어떤 사람이 한 행동을 취하면 다른 사람은 반대 행동을 취했으나, 이러한 방법으로 어떤 사람은 행복한 최후를 맞이하였고, 어떤 사람은 불행한 최후를 겪게 되었다는 것을 알 수 있을 것이다. 그러므로 새로 황제가 된 페르티낙스와 알렉산데르가 세습 군주였던 마르쿠스를 모방했던 것은 백해무익하였다. 그리고 마찬가지로 카라칼라와 코모두스와 막시미누스가 세베루스를 모방하려고 했던 것도 결정적인 과오였다. 왜냐하면 그들은 세베루스의 발자취를 따라갈 수 있는 자질이 부족했기 때문이다.

즉 왕위에 오른 새로운 군주는 마르쿠스의 행동을 모방할 필요도 없고 세베루스의 모든 행동을 본받아야 할 필요도 없다. 그러나 세베루스로부터는 나라의 기초를 닦는 데 필요한 행동을 배우고, 마르쿠스로부터는 국가를 유지하는 데 적절한 행동과 명성을 얻는 데 필요한 행동을 배우지 않으면 안 된다.

제20장
군주가 가질 수 있는 최상의 성채

민중을 신뢰해주면 그들의 신뢰를 얻을 수 있다

보다 안전하게 통치하기 위해 어떤 군주들은 자기 영지領地의 주민들의 무장을 해제했고, 또 어떤 군주들은 자기가 지배하는 도시들을 보전하기 위해 당파간의 분열을 꾀했다. 또 어떤 군주들은 영지의 주민들 상호간의 반감과 적개심을 길렀고, 어떤 군주들은 통치 초기에 자기에게 불신감을 가지고 있던 사람들을 회유하려고 노력했다. 어떤 군주들은 성채를 쌓았는가 하면, 어떤 군주들은 성채를 철거하거나 파괴해버리기도 했다. 사태를 그렇게밖에 처리할 수 없었던 그 나라의 특수성이 무엇인가를 살펴보지 않고서는 이러한 사실 자체만을 가지고 좋다 나쁘다를 속단하는 것은 금물이다. 그렇지만 나는 문제의 본질이 허용되는 범위 내에서 총괄적으로 말하려고 한다.

어떤 새로운 군주가 그 영지의 주민들의 무장을 해제한 일은 아직껏 없었다. 반대로 그들이 무장하고 있지 않은 것을 본 군주는 언제나 그들을 무장시켰다. 왜냐하면 그렇게 하여 이루어진 무장

마키아벨리 시대의 성채를 대표하는 요새들 중 하나인 우르비노 요새.

은 군주의 것이 되기 때문이다. 그러면 군주가 의심하였던 자들은 충성스럽게 되며, 또 처음부터 충성스러웠던 이들은 충성을 계속할 것이며, 군주의 영지의 주민들은 군주를 추종하는 세력이 될 것이다.

비록 모든 영지의 주민들을 무장시킬 수는 없다 할지라도 무장시킨 이들을 특별히 애호해주면 그 나머지 사람을 더욱 안전하게 다룰 수 있다. 군주가 무장을 시킨 사람과 무장을 시키지 않은 사람들을 차별적으로 대우하면 무장한 사람은 군주에게 더욱 의지하게 되고, 무장을 하지 않은 사람들은 군주를 위해 위험하고도 어려운 일을 맡은 사람에게 커다란 보상을 내리는 것이 당연하다고 생각하여 군주를 이해하게 될 것이다.

그러나 영지의 주민들의 무장을 해제시킨다면, 그것은 그들의 감정을 상하게 한다. 왜냐하면 군주가 그들의 용기나 충성심을 의심함으로써 불신을 표시한 것으로 보기 때문이다. 이런 불명예는 군주에 대한 증오심을 일으킨다. 그들은 군주가 자신들의 무장을 해제시키면 자신을 방어할 수 없기 때문에 부득이 용병에 의지하게 된다. 용병이 어떤 것인가는 이미 말한 대로, 그들이 비록 훌륭할지라도 강력한 외적이나 군주를 불신하는 영지의 주민으로부터 군주를 방어하기에는 충분하지 못하다. 그러므로 새로운 왕국에서 등극한 새로운 군주는 항상 무장을 갖추어왔다. 이에 대한 실례는 역사 속에 허다하다.

군주가 새 영토를 획득하여 그의 옛날 영토의 일부로 병합했을 경우, 그 획득 후에 자기편이었던 자들을 제외하고는 그 주민의 무장을 해제시키지 않으면 안 된다. 그러나 이들에 대해서도 시간과 기회가 있을 때마다 연약하고 나약해지도록 노력해야 한다. 그리고 새 영토의 군대는 군주의 원래의 영토에서 그에게 봉사해온 그 자신의 군대가 장악하도록 문제를 처리하지 않으면 안 된다.

민중 간의 파벌싸움을 조장하는 것은 군주에게도 해롭다

우리의 조상이나 현자賢者로서 존경받았던 사람들은 입버릇처럼 이렇게 말했다. "피스토아는 파벌 싸움에 의해 유지되었고, 피사는 성채에 의해 유지되었다." 이 원칙 위에서 많은 속령屬領들을 적은 노력으로 유지하기 위하여 여러 도시에 분열을 조장하였다. 이것은 이탈리아가 어느 정도 균형을 유지하고 있을 당시에는 추구할 만한 신중한 대책이었을 것이다.

그러나 오늘날에는 그것을 정책의 일반적 법칙으로 권장하기에는 불가능한 듯하다. 왜냐하면 분열 정책이 좋은 효과를 가지고 온다고 믿을 수 없기 때문이다. 반대로 적이 침공하였을 때, 분열된 도시는 당장 점령되고 만다. 약한 당파는 항상 침략자의 편을 들게 되며 그리고 상대측 당파는 독자적으로 대항할 수 없기 때문이다.

생각건대 앞에서 든 이유에 의하여 베네치아인은 그들의 지배 하에 있는 여러 도시에 겔프파[1]와 기벨린파[2]를 양성했다. 베네치아인은 양파 간에 유혈 비극이 일어나는 것을 허용치는 않았으나 양파의 반목을 조장하였다. 이는 베네치아인들이 장악하고 있는 곳에서 시민들이 자기들에게 반항하지 못하도록 하기 위해서였다. 그러나 우리가 아는 바와 같이 이것은 베네치아인에게 이익을 주지 못하였다. 왜냐하면 바이라에서 베네치아의 패배 후 양파 중 하나가 돌연 용기를 회복하여 그들의 모든 영토를 베네치아인으로부터 빼앗아버렸기 때문이다.

이와 같은 일이 발생할 수 있었다는 것은 군주의 세력이 약하다는 것을 나타낸다. 그 이유는 강력한 정부 하에서는 그런 분열은 결코 허용되지 않기 때문이다. 다만 이런 방법은 평화로울 때에는 영지의 주민을 쉽게 다룰 수 있는 방법으로서 유익할 것이나, 일단 전쟁이 발발하면 이 방법은 부적당하다는 것이 증명된다.

의심할 것도 없이 군주는 모든 어려움과 그에게 대항하여 일어날 수도 있는 반대 세력을 극복함으로써 위대해지게 된다. 그래서 운명의 여신은 세습 군주보다 명성을 획득하는 것이 더욱 필요한 새로운 군주를 강대하게 하려고 할 때, 그에 대해 적을 일으키고 그를 공격하게 하여 그에게 적을 제압할 기회를 주어 적이 설치한 사다리를 이용하여 명성의 고지에 오를 수 있도록 해준다. 그러므로 현명한 군주는 기회가 있을 때마다 일정한 지역에 교묘하게 적

---

[1] 로마 교황을 지지하고 독일 황제에 반대한, 12~15세기 이탈리아의 정당이다.
[2] 황제 당원. 중세기에 신성로마제국의 황제 편을 들어 교황파인 겔프당에 반대하였다.

대 관계를 촉진시키고 그것을 궤멸시켜 그의 위대함을 높이도록 하지 않으면 안 된다는 것이 많은 사람들의 의견이다.

적대적이던 인물에게서 더 큰 충성을 얻을 수 있다

군주는, 특히 새로운 군주는 가끔 그가 통치했을 때부터 신뢰하던 이들보다 신뢰할 수 없었던 이들에게서 보다 큰 충성심과 유용함을 발견하게 된다. 시에나의 영주 판돌포 페트루치[3]는 한때 다른 모든 사람들보다 신용하지 않았던 이들의 도움으로 나라를 다스렸다. 그러나 이 문제는 사정에 따라 각각 다르므로 어떤 일반적인 법칙을 정립할 수는 없다. 다만 이렇게 말할 수는 있을 것이다.

군주가 통치하던 초기부터 적대적이었던 이들도 그들의 생존을 위해 군주의 도움을 요구하게 되며, 그렇게 되면 군주는 항상 그들을 쉽게 자기편으로 끌어들일 수 있다. 그리고 그들은 처음에 군주에게 보였던 호의적이지 않았던 인상을 선행으로 해소시켜야 한다는 것을 알고 있기 때문에 군주에게 더욱 충성하지 않을 수 없게 된다. 그러므로 군주는 너무나 완전한 안이함 속에서 봉사함으로써 자신의 임무를 게을리 하는 신하들보다, 이런 사람들로부터 항상 더 많은 도움을 얻게 된다.

문제의 중요성 때문에, 나는 한 나라에서 다른 사람들의 지지에 의해 새로운 나라를 획득한 군주에게 한 가지 사실을 깨우쳐주지 않을 수 없다. 즉, 그들이 어떤 이유로 그런 호의를 보였는가를 깊이 생각하여야 한다. 만일 새로운 군주에 대한 자연적인 애정에서

---

3) 판돌포 페트루치(1450~1512)는 양아버지를 죽이고(1500) 시에나의 영주가 되었다. 1503년 추방 2개월 후 프랑스 왕의 중재에 의하여 다시 권력을 획득했다.

가 아니라 단지 옛 정권에 대한 불만에서 그렇게 행동했다고 한다면, 새로운 군주는 그들을 자기편에 잡아두는 데에 커다란 어려움이 있음을 발견하게 될 것이다. 왜냐하면 그들을 만족시키는 일은 새로운 군주로선 불가능하기 때문이다. 고금古今의 실례를 통하여 그 이유를 조심스럽게 검토해보면, 단지 옛 정권에 대한 불만으로 새로운 군주의 편을 들어 통치권 찬탈을 도운 자들보다 옛 정권에 만족하여 새로운 군주를 적대시하는 사람들을 끌어들이는 것이 훨씬 쉽다는 것을 알게 될 것이다.

군주에게 있어 가장 강력한 성채는 바로 민중이다

군주는 영토를 더욱 안전하게 유지하고 반란을 꾀하려는 자들에 대한 억제와 제지용으로 쓰이며, 또한 갑작스런 공격에 대한 안전한 피난처로 사용될 성채를 쌓는 습관이 있다. 나는 이 습관에 찬성한다. 그 까닭은 이것은 옛날부터 행해져 왔기 때문이다. 그런데도 오늘날 메세르 니콜로 비텔리[4]는 그 도시를 보전하기 위하여 치타 디 카스텔로에 있는 두 개의 성채를 파괴하는 것이 현명한 일이라고 생각했다. 그리고 우르비노 공작 구이도 우발도[5]는 체지레 보르지아에 의해 추방되었으나, 그 본국으로 돌아가자마자 공국

---

[4] 메세르 니콜로 비텔리(Messer Niccolo Vitelli)는 메디치의 도움으로 카스텔로 시市를 영유했고, 1474년엔 교황 식스투스 4세에 의해 추방되었다가 1482년에 복귀했다. "그러자 곧 교황이 건설한 2개의 성을 파괴하였다. 그 까닭은, 그는 나라를 보전하는 길은 성채가 아니라 민중의 의의에 기초하는 것이라고 생각했기 때문이다"(《정략론》 제2권 제26장).

[5] 구이도 우발도(Guido Ubaldo)의 재위 기간은 1482~1508년이다. 1502년 및 1503년, 보르지아에 의해 두 차례나 군주의 지위에서 쫓겨났으나 알렉산데르 교황이 죽은 후 복귀하여(1504) 르네상스기를 대표한다는 아름다운 성들을 파괴해버렸다.

내의 성채들을 기초까지 허물어버렸다. 그는 성채가 없어지면 두 번 다시 쉽게 나라를 잃지는 않을 것이라고 판단하였던 것이다. 벤티볼리 가의 사람들도 볼로냐로 돌아가서 같은 방법을 취했다.[6]

그러므로 성채는 상황에 따라 유익하기도 하고 유해하기도 하다. 한편으론 유익하지만 또 한편으로는 군주를 해치게 된다. 그리고, 이 문제는 다음과 같이 설명될 수 있다. 즉 외국 세력보다 자기 나라 국민들을 더욱 두려워하는 군주는 성채를 쌓지 않으면 안 되고, 자기 나라 국민보다 외세를 더 두려워하는 군주는 성채를 내버려두지 않으면 안 된다.

프란체스코 스포르차에 의해 밀라노에 세워진 성채는 스포르차 가에게는 국내의 다른 어떤 사태보다 더욱 위험한 것이었으며, 앞으로도 그렇게 될 것이다.[7] 그러므로 군주가 가질 수 있는 최상의 성채는 '민중들의 증오를 사지 않는 것'이다. 만일 군주가 성채를 가지고 있다 하더라도 민중들로부터 증오를 받게 되면 성채는 아무런 쓸모가 없을 것이다. 왜냐하면 민중이 무기를 잡고 일어서게 되면 그들을 도우려는 외세가 반드시 나타나게 된다.

오늘날 성채가 어떤 군주에게 도움이 된 적은 없다. 다만 지롤라모 백작이 살해되었을 때 그의 부인인 포를리 백작부인[8]이 겪은

---

[6] 벤티볼리에 대하여 "교황 율리우스 2세는 벤티볼리 가를 볼로냐에서 추방하고, 여기에 성을 쌓아 파견한 장관으로 하여금 시민에게 잔혹한 탄압을 가하게 했다. 이에 따라 시민은 반란을 일으켜 교황은 성을 잃었다"(《정략론》 제2권 제24장). 그런데 그의 추방은 1506년 11월 2일의 일이다.

[7] "명군(明君)이라고 불린 프란체스코 스포르차가 밀라노 공작이 되었을 때 그 시에 성을 쌓았던 점에서, 나는 그가 명석하지 못하였다고 생각한다. 이 성을 쌓은 것이 머지않아 자손들에게 백해무익하였던 것은 사실이 증명한다"(《정략론》 제2권 제24장).

[8] 포를리(Forli) 백작부인 카테리나 스포르차는 교황 식스투스 4세의 아들 지롤라모 리아리오의 아내다. 1488년 4월 14일, 포를리에서 반란으로 남편이 살해되었을 때, 성을 비워줄 것을 적에게 약속하며 성 안으로 들어가 싸우면서, 백부 로도비코 모로(밀라노 공작)의 원군을 기다렸다. 체사레 보르지아가 침략한 것은 1499년 11월 25일. 12월 19일 포를리로 쳐들어갔으나 용감한 카테리나는 다음해 1월 12일까지 훌륭히 막아 싸웠다.

포를리 백작부인 카테리나 스포르차.

경우는 예외다. 그녀는 이 성채 때문에 반란자들의 습격을 피할 수 있었고, 밀라노로부터의 구원을 기다려 나라를 지킬 수 있었다. 당시의 상황은 민중들이 어떤 외세의 지원을 받을 수가 없었다. 그러나 그 후 그녀가 체자레 보르지아의 공격을 받았을 때, 그녀에게 적개심을 가졌던 민중들은 외세와 연합하게 되어 성채는 그녀에게 아무런 도움이 되지 못했다. 그러므로 이러한 사실로 미루어볼 때, 그녀가 민중을 적으로 가졌던 것보다 성채를 가지지 않았던 편이 그녀에게는 훨씬 안전하였을 것이다.

이상의 모든 문제를 참고해볼 때, 나는 성채를 쌓은 사람이든 쌓지 않은 사람이든 칭찬할 수는 있으나, 성채를 믿은 나머지 민중이 증오를 사는 것을 개의치 않는 자는 비난할 것이다.

제21장
군주가 명성을 얻으려면

군주는 끊임없이 명성을 추구해야 할 필요가 있다

군주가 위대한 과업을 수행하고 몸소 훌륭한 모범을 보이는 것만큼 그의 명성을 높이는 방법은 없다.

오늘날 그러한 군주로는 스페인 왕인 아라곤 가의 페르난도를 들 수 있을 것이다. 그는 등극할 당시 가장 미약한 존재였으나 명성과 명예라는 면에서 기독교 국왕 중 제일의 인물이 되었다는 점을 보면 새로운 군주라고 말할 수 있다. 그의 업적을 살펴보면 모두 위대하며 어떤 것은 비범하기까지 했다. 통치 초기에 그는 그라나다[1]와 전쟁을 일으켰는데, 이 행동이 그의 권력의 기초가 되었다.

그는 이 전쟁을 수행할 무렵 방해를 받으리라는 근심 없이 유유히 전쟁을 수행했다. 왜냐하면 그는 카스틸 귀족들을 전쟁에 참여시켜 그들의 신경을 전쟁에만 집중시켰으므로 그들은 왕이 제시한 새로운 제도들에 대해서는 생각할 여유가 없었다. 왕은 귀족들이

---

[1] 그라나다(Granada)와의 전쟁은 1492년 1월 4일에 일어났다. 이것이 계기가 되어 무어인은 유럽에서의 근거지를 잃고 말았다.

이것을 깨닫지 못하는 사이에 명성을 얻었고 그들에 대한 지배권을 획득했다. 그는 로마 교회와 민중의 돈2)으로 군대를 훈련시킬 수 있었으며, 장기간에 걸친 전쟁을 통하여 뒷날 그를 무척이나 유명하게 만든 군대양성체계의 기초를 닦을 수 있었다. 더욱이 보다 더 위대한 사업에 착수할 수 있도록, 그는 항상 종교를 구실로 자신을 보호하면서 이른바 신앙적 잔혹성에 의지하여 무어인들을 그의 왕국에서 추방하고 제거하였다.3)

이와 같은 방법은 확실히 놀랍고도 엄청난 예다. 같은 구실을 이용하여 그는 아프리카를 공격했고 이탈리아를 항복시켰으며, 마침내 프랑스까지 공격하였다.4) 그는 끊임없이 거대한 계획을 세우고 실행하느라 바빴으며, 신하들의 마음을 불안과 경탄으로 사로잡아 자신의 행동에 그들의 관심을 집중토록 하였다. 그는 그런 식으로 계속 일을 수행하여 신하들이 그에게 대항할 시간과 기회를 주지 않았다.

또한 밀라노의 베르나보5)와 같은 비범한 능력을 가진 사람을 그 예로 들어보는 것도 군주와 국내 정치를 처리하는 데 크게 도움을 줄 것이다. 베르나보는 기회가 있을 때마다 좋은 일을 하는 사람에게는 상을 주고 악한 일을 하는 사람에게는 벌을 주었는데, 이는 그에 대한 여론을 형성하기 위한 것이었다. 그러나 무엇보다도 군

---

2) 가톨릭교회의 적인 무어인과의 일대 종교 전쟁이었던 이 그라나다 공격을 위해 카톨릭 신도로부터 모금한 교회의 기부금을 말한다.
3) 가톨릭교의 적인 무어인을 추방한 것은 종교 옹호를 위한 잔학 행위다. 추방된 무어인들을 표면적으로 크리스트교로 개종한 듯이 꾸몄는데, 이건 스페인의 이슬람교도와 유대인을 가리킨다. 페르난도 왕은 특히 1501년부터 2년에 걸쳐 그들을 철저하게 제거했다.
4) 페르난도는 1509년, 오랑에서 트리폴리까지의 북아프리카를 정복하고 튀니지와 알제리의 두 왕국을 속령으로 하였다. 그리고 나폴리 왕국을 침략하고 이어 1512년, 피레네 지방의 나바르 왕국을 점령하였다.
5) 베르나보(Bernabo, 1319~1385)는 롬바르디아 지방에서 가장 세력이 있던 호족이다. 14세기 중엽부터 활약한 비스콘티 가 출신의 밀라노 군주. 부도덕한 행위와 책략을 감행한 인물이다.

주는 매사에 자신이야말로 위대하고 훌륭한 인격의 소유자라는 것을 고쳐시키기 위해 노력하지 않으면 안 된다.

군주는 자신의 입장을 명백히 할 때 존중 받는다

군주는 충실한 친구이거나 철두철미한 적이거나 하는 것을, 다시 말하면 어떤 사람을 반대하거나 지지하는 것을 망설이지 않고 분명히 선언할 때 역시 존경을 받게 된다. 이렇게 하는 것은 중립적 입장을 취하는 것보다 항상 유익하다. 왜냐하면 이웃의 강력한 두 세력이 다투게 되어 어느 한쪽이 승리하게 되면, 군주는 그 승리자를 두려워하지 않으면 안 되거나 두려워할 이유가 없거나 하기 때문이다. 어느 경우든 군주는 자신의 입장을 명백하게 밝히고 또 분명하게 어느 한편과 손을 잡는 것이 유리하다. 왜냐하면 첫째의 경우에 자기 입장을 분명하게 밝히지 않으면 승리자의 희생물이 되고 패배자에게는 만족과 기쁨을 주게 될 것이다. 그리고 양자 중 어느 한쪽에게 자신을 보호하거나 원조해달라고 호소할 명분도 잃게 된다. 그 이유는 승자는 위기에 처했을 때 도움이 될 수 없는 의심스런 친구를 싫어하게 되고, 또 패자는 칼을 잡고 자기와 운명을 함께하지 않았던 자를 거절할 것이기 때문이다.

안티오코스가 아에토리아인의 요청을 받고 로마군을 몰아내기 위하여 그리스로 진격하였을 때, 그는 로마와 우호 관계에 있던 아카에인에게 사절을 보내어 중립을 지켜주도록 권고하였다. 한편 로마군도 자기들을 위하여 무기를 잡고 일어설 것을 그들에게 촉구했다. 이 문제는 아카에의 평의회에서 토론되었는데, 안티오코스의 사절이 중립을 다시 촉구하자, 로마군의 사절은 다음과 같이 답하였다.

"이 전쟁에 개입하지 않는 것이 당신 나라를 위해 가장 좋고 가장 유익하다고 생각했겠지만, 내가 보기엔 당신들이 취한 태도는 당신들에게 조금도 유리한 점이 없소. 왜냐하면 중립을 지킴으로써 당신들은 호의도 명성도 얻지 못하고 다만 승자의 전리품이 될 뿐이오."

이처럼 군주의 우방이 아닌 나라는 중립을 요구하며, 군주의 우방은 무기를 잡고 자신들의 입장을 지지하여 싸워줄 것을 요구하는 일은 항상 일어난다. 눈앞에 닥친 위험을 피하기 위해 결단력 없는 군주는 일반적으로 중립의 길을 택하며, 그리고 대부분의 경우 이런 군주는 파멸하게 된다.

그러나 군주가 어느 한쪽을 지지할 것을 용감하게 선언했을 때 군주가 지지한 편이 승리하였다고 하면, 비록 그 승리자가 우세하여 군주는 그의 뜻대로 될 형편이라 하더라도 승리자는 군주의 은혜를 입은 의리가 있기 때문에 그 군주의 친구가 된다. 그리고 인간이란 이런 상황 하에서 배은망덕하여 자기를 도운 사람을 파멸시킬 만큼 파렴치한 존재는 아니다.[6] 그뿐만 아니라 승리했다고 해서 모든 것을 무시할 수 있고 더욱이 '정의'라는 것조차 무시할 수 있을 만큼 그 승리가 그렇게 완벽한 것일 수도 없다.

설령 군주가 지지한 편이 패배하였다 하더라도 그 패배자는 자신을 도와준 군주를 항상 호의적으로 대할 것이다. 또 그는 군주를 도와줄 수 있는 한 도우려 할 것이고, 운이 돌아왔을 경우 군주의 동반자가 될 것이다.

---

[6] 인간의 성질을 사악한 것으로 보는 마키아벨리의 비관적인 인간관이 여기서는 약간 완화되어 있다.

둘째의 경우, 즉 교전 당사자의 어느 편이 이기더라도 두려워할 이유가 없을 때, 군주가 어느 편에 가담하기 위해서는 더욱 신중해야 한다. 왜냐하면 군주가 신중함이 없이 어느 한편을 도와주게 되면 다른 한편은 멸망할 수밖에 없기 때문이다.[7] 만일 도움을 받은 편이 이겼다 하더라도 도움이 있었기 때문에 이길 수 있었으므로 그는 도움을 준 군주의 위력 하에 남아 있게 된다.

여기에서 주의하여야 할 것은 군주는 앞에서 말한 바와 같이 필요에 의해 부득이한 경우가 아니면 제3자를 공격하는 데 자기보다 강한 자와 손을 잡아서는 결코 안 된다. 그 이유는 군주와 손을 잡은 자가 승리하게 되면 그 손을 잡은 군주를 자기 마음대로 하려고 하기 때문이다.[8] 군주는 될 수 있는 한 다른 사람의 뜻대로 되는 것을 피하여야 한다. 베네치아인은 밀라노 공작에 대항하기 위해 프랑스와 동맹을 맺었는데, 그들이 거절할 수 있었던 그 동맹으로 인해 파멸하고 말았다.[9] 그러나 교황과 스페인이 군대를 이끌고 롬바르디아를 공격하였을 때의 피렌체 공화국의 경우[10]처럼 동맹을 피할 수 없을 때는 앞에서 말한 이유에서처럼 군주는 어느 쪽을 편들지 않으면 안 된다.

그러나 어느 나라든 완전히 안전한 정책만을 선택할 수 있다고 생각하지는 말아야 한다. 오히려 불확실한 것이라고 생각해야 한다. 그 이유는 하나의 재난을 피하면 다른 재난에 빠지게 된다는 것이 세상 돌아가는 이치이기 때문이다. 그러므로 '신중함'이란 손

---

[7] 약소국가는 멸망시켜버릴 것이 아니라 자기편으로 끌어들여야 한다는 주장이 뒷받침되어 있다. 즉 한편에 가담하여 다른 약소국을 멸망시켜서는 안 된다는 뜻이다.
[8] 소극적인 중립책이 불이익을 초래한다는 것을 날카롭게 제기하면서 마키아벨리는 또한 동맹의 어려움에 대해서도 분석하고 있다.
[9] 1449년, 베네치아는 루이 12세와 동맹을 맺고 밀라노를 정복하였다.
[10] 교황 율리우스 2세가 프랑스에 적대하여 조직한 신성동맹(1512)에 있어 피렌체는 중립정책을 취했다. 이 결과 피렌체 공화국은 멸망하고 메디치 가가 복귀하게 되었다.

실의 정도를 식별하는 방법을 알고 손실이 적은 것을 더 나은 정책으로 받아들이는 것과 일치한다.

군주는 민중을 소중히 하는 모습을 보여야 한다

나아가 군주는 능력 있는 자의 보호자이며 재주가 뛰어난 자를 존경한다는 것을 보여주어야 한다. 이와 함께 군주는 상업이든 농업이든 어느 것이든 간에 자신들의 직책을 안전하게 추구할 수 있도록 격려해 주어야 한다. 그리하여 이들이 약탈에 대한 근심 때문에 재산을 불리는 것을 단념하거나 세금에 대한 공포로 인해 상거래를 그만두는 일이 없도록 해야 한다. 또한 도시나 국가의 위대함에 기여할 생각을 가지고 있는 사람들과 이에 종사하고자 하는 사람들을 포상할 준비도 해두어야 한다.

또 1년 중 적당한 시기에 축제나 구경거리로 민중들을 즐겁게 해주어야만 한다. 도시는 직업 조합과 지역 단체로 나누어져 있기 때문에, 군주는 이런 집단에 대해 관심을 표명하여야 하고, 종종 그들의 모임에 참석하여 정중함과 관대함의 모범을 보여야 한다. 그러나 항상 그의 지위에 대한 위엄을 보여야 하는데, 이것은 어떤 상황하에서도 양보할 수 없는 것이다.

제22장
군주의 측근 대신

측근으로 있을 신하를 선택하는 일은 군주에게 있어 가장 중요한 문제다. 그들은 군주가 대우해주는 정도에 따라 좋게도 되고 나쁘게도 되기 때문이다. 그러므로 군주의 품성과 현명함을 가장 쉽게 알 수 있는 방법은 그 군주의 측근에 있는 사람들을 보면 된다.

측근들이 유능하고 성실하면 우리는 항상 그 군주는 현명하다고 평가할 수 있다. 왜냐하면 그는 측근들의 능력을 인식할 줄 알고 그들의 충성을 유지시키고 있기 때문이다. 그러나 그들이 그 반대라고 하면 우리는 그 군주에 대해 좋은 평가를 내릴 수 없다. 그 이유는 그 군주의 첫번째 실수는 사람을 잘못 뽑은데 있기 때문이다.

시에나의 군주 판돌포 페트루치의 재상宰相 안토니오 다 베나프로[1]에 대해 알고 있지만, 그를 재상으로 뽑은 판돌포는 가장 사려 깊은 통치자로 평가되고 있다.

대체로 인간의 지능에는 세 종류[2]가 있다. 첫째는 자기 스스로

---
1) 안토니오 다 베나프로(1459~1530)는 베로나에서 태어났다. 시에나 대학 교수였으나, 나중에 판돌포의 고문관이 되면서 정치·외교가로서 명성을 높였다. 마조내 촌에서 열린 반_反보르지아 비밀 회의에 판돌포 대표로 참석했다. 마키아벨리는 피렌체의 피사 공격에 즈음하여 그의 지원을 얻기 위해 1505년 사절로서 시에나에 갔을 때 그와 교섭했다.
2) 옛날부터 전해져 내려오는 말이다. "자주 들은 적이 있었는데 마땅히 해야 할 것을 스

이해하는 것, 둘째는 다른 사람이 생각한 것을 이해하는 것, 셋째는 자기 스스로 이해하지도 못하고 다른 사람이 생각한 바를 이해하지도 못하는 것이다. 첫째가 가장 우수하고, 둘째도 우수하지만, 셋째는 쓸모가 없다.

판돌포는 첫째 정도는 아니라 하더라도 둘째 정도에는 들어간다는 것을 인정하지 않으면 안 된다. 왜냐하면 다른 사람이 하는 말의 옳고 그름을 분별할 수 있을 만큼 판단력을 가진 사람이라면, 그가 비록 재능은 부족하다 하더라도 재상의 능력과 잘못을 분별하여 옳은 것은 권장하고 그른 것은 고칠 수 있었기 때문이다. 또한, 재상도 그런 군주를 속이려 하지 않고 선행을 계속할 것이다.

군주가 대신의 자질을 분별하는 방법에 관해 말한다면, 결코 소홀히 할 수 없는 방법이 하나 있다. 즉 대신이 군주보다도 자기 자신에 대해서 더 생각하고 또한 매사에 그의 모든 행동이 그 자신의 이익만을 추구하려고 생각한다면, 그는 충성스런 대신이 될 수 없고 신뢰할 수도 없다. 나라의 책무를 위임받은 자는 그 자신의 일은 절대로 생각해서는 안 되며, 다만 군주의 일만 생각해야 하기 때문이다. 그리고 직접적으로 군주와 관련이 없는 일에 대해서는 어떠한 관심도 가져서는 안 되기 때문이다.

한편 군주는 측근자에게 충성을 유지시키기 위해 그에게 명예를 주고 생활을 풍족하게 해주며, 은혜를 베풀어 그를 자기에게 묶어두고 관직이나 작위와 더불어 명예도 나누어주는 등 그에 대한 배려를 하지 않으면 안 된다. 동시에 군주의 지원이 없이는 자신은 존재할 수 없다는 것을 알게 하고 커다란 책임을 부여하여 변혁變革

스로 아는 이는 위에 위치하는 사람, 다음에 위치하는 이는 타인의 좋은 권고를 받아들이는 사람. 그러나 스스로 좋은 권고를 주는 것도 모르고 또 타인의 충고에도 따르지 않는 이는 지능이 가장 떨어지는 자다." (《정략론》 제22권 제29장)

을 두려워하게 하며, 많은 명예와 부富를 주어 다른 곳에서 그것들을 추구하지 못하게 방향 전환을 시켜야 한다. 군주와 측근에 있는 신하가 이런 바탕 위에 서게 되면 그들은 서로 신뢰할 수 있게 될 것이나, 그 반대일 경우에는 그들 중의 어느 한쪽이 항상 잘못되게 된다.

제23장
아첨배들을 어떻게 피할 것인가

군주가 매우 신중하지 못하거나 사람을 훌륭하게 고르지 못했을 경우 소홀히 하기 쉬운 잘못이 하나 있는데, 이는 아주 중요하므로 언급하지 않고 넘어갈 수는 결코 없다. 이는 아첨배들에 관한 것이다.

이 아첨배들은 군주의 조정에 가득 차 있다. 사람은 누구나 자신을 너무 믿으며 또 그 점에서 남에게 속임을 잘 당하므로 이러한 결점에서 벗어나기는 어렵다. 그리고 이 결점을 극복하기 위한 노력에서 측근자들의 경멸을 일으킬 위험이 있다. 그러므로 진실을 고할지라도 군주가 화내지 않는다는 것을 사람들에게 알리는 것 이외에는 아첨에서 벗어나는 방법이 없다.

그러나 모든 사람들이 군주에게 진실을 자유로이 말하게 되면 군주는 존경심을 잃고 만다. 이러하기에 신중한 군주는 중도中道를 따르지 않으면 안 된다. 그의 신하들 중 사려 깊은 몇 사람을 선택하여 그들에게만 자유롭게 진실을 말하는 것을 허락하고, 그것도 군주가 물어보는 문제에 관해서 그들의 생각을 아뢰게 하며 기타의 것은 그러지 못하게 한다.

그러나 군주는 모든 문제에 대하여 그들의 의견을 묻고 그들이 말하는 바를 들은 후에 스스로 생각하고 판단하여야 한다. 그리고 그의 모든 충간자忠諫者들에게 그들이 솔직하게 아뢰면 아뢸수록 그들의 충언忠言이 환영받는다는 것을 그들 각자가 알 수 있도록 군주는 처신해야 한다. 또한 이들 이외의 사람들의 말은 결코 듣지도 말 것이며, 결정한 것은 반드시 실행하고 그 후 자신의 결정에 대해 확고히 집착하지 않으면 안 된다.

이와 달리 행동하게 되면 아첨배에 의해 잘못 악용될 뿐만 아니라, 잡다한 의견에 따라 자기 의견을 끊임없이 바꾸게 되어 군주의 평판을 떨어뜨리게 된다.

이 문제와 관련하여 예를 하나 인용하겠다. 황제 막시밀리안[1]의 신하인 루카 사제司祭[2]는 이 황제에 대해 나에게 이렇게 말했다.

"그는 아무에게도 충고를 구하지 않았고 그렇다고 자신의 뜻대로 처리하지도 않았다."

이것은 내가 앞에서 권유한 것과 정반대의 입장을 취한 결과다. 그는 은밀한 성격의 소유자여서 어느 누구에게도 자신의 주장을 이야기하지 않았으며 또한 그들의 의견도 묻지 않았기 때문이다. 그런데 그의 계획이 실행 단계가 되어서야 드러나고 알려지게 되며 동시에 측근들은 그 계획을 반대하기 시작한다. 그러면 군주는 그 계획을 간단히 철회하고 만다. 그리하여 오늘 행한 것을 다음날에는 취소하기 때문에 그의 희망과 계획을 완전히 확인할 수는 결코 없다. 따라서 그의 결정을 신뢰하는 일은 불가능하게 된다.

---

1) 황제 막시밀리안(Maximilian)은 신성 로마제국 황제인 막시밀리안 1세(재위 기간 1493~1519)를 말한다.
2) 루카 사제(Padre Luca)는 막시밀리안이 총애하던 신하로 1500년부터 2년에 걸쳐 트리에스테의 사제였다. 1507년 마키아벨리가 막시밀리안 황제에게 사신으로 갔을 때 직접 알게 되었다.

그러므로 군주는 항상 타인의 의견을 구해야 하지만, 다른 사람이 말하고자 할 때가 아니라 오직 그 자신이 듣고 싶을 경우에만 해야 한다. 아니, 군주가 요구하지 않는 문제에 대하여 조언하려고 덤비는 사람들의 의욕을 꺾지 않으면 안 된다. 그러나 군주는 조언을 요구할 때 편견에 사로잡히지 말아야 하며, 또 그가 요구한 문제에 대해서는 참을성 있게 진실한 청취가 되어야 하고, 그리고 어떠한 동기에 의해 신하들이 충언을 하지 않는 것을 알면 이를 꾸짖어서 진실을 말하게 해야 한다.

그러나 어떤 군주가 총명하다는 평을 얻고 있는 경우에도 그 자신의 능력 때문이 아니라 그 측근에 있는 현명한 조언자의 덕이라고 생각하는 이들이 있는데 이것은 확실히 오해다. 왜냐하면 현명하지 않은 군주는 다른 사람의 충언을 잘 받아들일 수 없다는 것이 틀림없는 법칙이요, 일반적인 것이기 때문이다.

다만 군주가 우연히 아주 사려 깊은 어떤 사람을 만나 그에게 전적으로 맡겨버리는 경우는 예외지만, 현명하지 못한 군주는 남의 충고를 적절하게 받아들이지 못한다. 훌륭한 조언자를 만나 통치하는 경우, 그는 곧 군주의 나라를 빼앗아버릴 것이기에 그것이 오래 지속되지는 못한다. 만일 현명하지 못한 군주가 많은 사람들로부터 의견을 듣게 된다면, 일관된 조언을 얻을 수가 없게 되고 또한 그것을 어떻게 조화시킬 것인가를 알지 못하게 된다. 조언자들은 각자의 이해관계를 생각하게 되어 군주는 그 조언들을 제대로 파악하지도 고치지도 못하게 될 것이다. 그러나 조언자들이 사리사욕을 추구하지 않으리라고는 기대할 수 없다. 왜냐하면 사람들은 필요에 의해 정직하게 되기도 하지만, 그렇지 않을 경우에는 군주에 대해 항상 나쁜 짓을 하게 될 것이기 때문이다.

따라서 다음과 같은 결론을 내릴 수 있다. 좋은 조언은 그것이

어디에서 오든 간에 군주의 깊은 지혜에서 생겨나는 것이지, 현명한 조언에서 군주의 신중함이 생겨나는 것은 아니다.

제24장

무능한 이탈리아 군주들

앞에서 말한 교훈을 신중하게 지키기만 한다면 새로운 군주도 오래 된 군주처럼 여겨지고, 또 조상으로부터 그 권위를 물려받은 군주보다 그의 지위를 더욱 확고하고 안전하게 할 수 있다. 왜냐하면 새로운 군주의 행동은 세습 군주보다 훨씬 주목받기 쉽기 때문이다.

그리고 그가 훌륭하다고 인정되면 혈통이 오래 된 군주보다도 민심을 얻는 데 보다 효과적이 되고 그들을 자신에게 밀착시킬 수 있게 된다. 그 까닭은 사람들은 지나간 과거의 일보다 현실의 일에 더 깊은 관심이 있고, 현재 상태에서 그들의 행복을 발견하게 되면 이 행복을 즐기면서 더 이상의 것은 바라지 않기 때문이다. 아니, 다른 문제에서 잘못을 저지르지 않는 한 그들은 새로운 군주를 보호하기 위하여 최선을 다할 것이다.

이와 같이 군주가 새로운 왕국의 기초를 건설하는 데, 그리고 그 것을 강화하고 장식하는 데 훌륭한 법률과 군대와 성실한 친구와 위대한 행동으로써 행한다면 그에게 이중의 영광이 돌아갈 것이다. 이와 반대로 군주로 태어났으나 그 자신의 지혜의 부족으로 나라를 잃게 되면 이중의 불명예가 따르게 된다.

오늘날 나폴리 왕1), 밀라노 공작2)과 기타 사람들처럼 이탈리아에서 그들의 영토를 잃은 군주들과 제후들에 대해 관찰해보면 그들은 다음과 같은 결점을 가지고 있음을 알 수 있다. 첫째는 이미 언급한 이유처럼 군사적인 면에서 공통적인 결점을 가지고 있다. 둘째로 그들의 일부는 민중을 적으로 삼았거나 그들과 친밀했지만, 귀족으로부터 자신들을 안전하게 지키는 방법을 알지 못했다. 따라서 이러한 결점이 없다면 전쟁터에 군대를 파견할 만큼 강력한 국가가 전복되는 일은 결코 없다.

티투스 퀸티우스에게 패한 — 알렉산드로스 대왕의 아버지가 아닌 — 마케도니아의 필리포스3)는 자신을 공격한 로마인이나 그리스인의 세력에 비해 우세한 나라를 가지고 있지는 않았다. 그러나 그는 상무정신(尙武精神)이 강한 군주였으며, 민중의 지지를 획득하고 귀족의 충성심을 유지하는 데 능숙하였으므로 공격자에 대항하여 여러 해 동안 자기 자신을 보전하였고, 비록 몇 개의 도시를 잃기는 했지만 마침내 왕국을 구하는 데 성공하였다.

그러므로 오랫동안 유지해왔던 영토를 잃은 이탈리아의 군주들은 운명을 탓할 것이 아니라 그들 자신의 무능을 탓해야 한다. 왜냐하면 평온무사한 때에는 변화가 닥쳐오리라는 것을 생각지 않고서(이는 바다가 잔잔할 때 폭풍우를 고려하지 않는 인간의 본성이지만), 위기가 한번 그들을 덮치면 방어할 생각은 않고 도망할 궁리만 하게 되며, 정복자의 오만함을 혐오하는 민중이 자신들을 불러주기

---

1) 여기서 나폴리 왕은 프레드릭을 말하며, 그는 스페인 왕 페르난도와 프랑스 루이 12세의 동맹군에게 1503년 나폴리 왕국을 잃었다.
2) 로도비코 모로는 루이 12세에 의해 1499년 군주의 자리를 빼앗겼다.
3) 필리포스 5세는 로마인과 두 차례(B.C. 215~205, B.C. 200~197)에 걸쳐 마케도니아 전쟁을 벌였으나 B.C. 197년에 패했다.

만을 기다렸다.

  이 방법은 다른 대책이 없을 경우에 따르는 것은 좋을지 모르나, 그렇다고 그것만 믿고 다른 대책을 강구하기를 포기하는 것은 매우 어리석은 일이다. 그것은 다른 사람이 붙잡아 일으켜줄 것을 믿고 스스로 넘어지려는 사람과 같다. 그러나 민중에 의해 군주가 다시 일어서는 일이 있든 없든 간에 그것은 군주에게 안전을 주지 못한다. 그것은 비열한 수단이다. 그런 식으로 다시 일어나는 것은 군주가 자기 스스로의 힘에 의지하지 않았기 때문이다. 스스로의 힘에 의지하는 데에서 비롯되는 방어 수단만이 훌륭하고 확실하며 오래 가는 법이다.

운명의 세 여신. 그리스-로마 신화에서 등장하며, 좌로부터 아트로포스, 라키시스, 그리고 클로소다. 클로소는 운명의 베를 짜고, 라키시스는 운명의 베를 인간들에게 나누어주며, 아트로포스는 가위로 그것을 잘라 거두어 간다. 그리스-로마 신화에서의 이들의 권한은 강력하여 신들의 제왕인 제우스도 이들의 뜻을 거스를 수가 없다.

제25장
운명과 신의 지배를 받는 인간사

상황에 따라 적극적으로 변화하는 자는
운명에 시달리지 않는다

인간 세상의 일이란 운명과 신에 의해 지배되고 있기 때문에 인간의 어떤 지혜와 지식으로도 그것을 변경할 수 없으며 또 개선책도 없다고 많은 사람들이 말해왔고, 또 지금도 말하고 있다는 것을 모르는 바는 아니다. 이런 까닭에 어떤 일에 대해서 굳이 애쓸 필요가 없으며, 모든 일은 운명에 의해 결정되도록 맡겨두지 않으면 안 된다고 생각하기에 이른 것이다. 더욱이 오늘날과 같이 모든 인간의 예상이 어긋나는 커다란 상황변화를 보았고, 또한 그것을 매일처럼 보고 있기 때문에 이 견해는 쉽게 받아들여지게 된다. 나도 종종 이 문제를 생각할 경우 부분적으로는 이 견해에 동의하는 방향으로 기울어진다.

그렇기는 하지만 우리의 자유의지가 완전히 소멸되지 않는 한 운명은 인간 행위의 절반만을 주재할 뿐이고, 나머지 절반이나 혹은 그것보다 더 작은 부분은 인간들에게 남아 있는 것이 사실이라고 나는 생각한다.

나는 운명의 여신을 거친 격류激流에 비유하고자 한다. 이 격류는 노하면 들판을 범람시켜 나무와 집들을 쓸어가고 이쪽 제방의 흙을 날라다 다른 쪽 제방으로 옮겨다 놓는다. 모든 사람은 이 격류에 대항하지도 못하고 그 격노激怒 앞에서 도망치거나 무릎을 꿇고 만다. 이것이 격류의 본성이기는 하나, 사람들은 날씨가 평온할 때에 둑과 방파제를 쌓음으로써 다시 홍수가 나더라도 인공 운하에 의해 위험을 넘기거나 최소한 억제시킬 수 없는 파괴적인 물결의 방향을 돌릴 수는 있다. 운명도 이와 같아서 운명에 대항할 조직적인 힘이 없는 곳에 위력을 발휘하며, 이를 극복할 제반 대책이 없는 곳에서 더욱 위세를 떨친다.

그런데 이러한 변화가 자주 일어나고, 또 그러한 변화가 일어날 수 있는 요인을 안고 있는 이탈리아를 살펴보면, 제방도 울타리도 없는 들판이라는 것을 알게 될 것이다. 만일 독일 · 프랑스 · 스페인과 같이 지혜와 용기 등을 함께 갖추었다면 이탈리아는 바뀌지도 않았을 뿐더러 변화될 수도 없었을 것이다. 이것으로써 운명에 대항해야 한다는 것에 관한 일반적인 언급은 충분히 되었으리라 생각한다.

그러나 특수한 문제에 국한시켜볼 때, 오늘날 번창하던 군주가 그의 성실함이나 특성에 어떤 변화를 볼 수 없는데도 다음날에는 몰락해버린다는 점에 나는 주목하지 않을 수 없다. 이것은 이미 살펴본 원인에서 유래하는데, 즉 운명에 전적으로 의지하고 있는 군주는 운명이 바뀌면 멸망하게 된다고 나는 생각한다. 나아가 시대의 정치적 상황에 가장 민감하게 적응하는 군주는 번영하고, 반대로 시대의 정치적 상황에 적응하지 못하는 이는 실패하고 말 것이다. 왜냐하면 인간 각자가 추구하는 목적, 즉 영광과 부를 향해 사람들은 서로 다른 방식으로 나아가고 있는 것을 볼 수 있기 때문이다. 어떤 이는 조심스럽게, 어떤 이는 성급하게, 어떤 이는 폭력에 호소하며, 어떤 이는 교묘하게, 어떤 이는 인내심을 가지고 그들 각자가 추구하고자 하는 목표에 이를 때까지 각자 독특한 방식으로 살아가고 있는 것이다.

그런데 똑같이 조심스럽게 행동하는 두 사람 가운데 한 사람은 목적을 달성하고, 다른 한 사람은 그렇지 못한 경우를 볼 수 있다. 또한, 서로 다른 기질의 두 사람, 즉 조심스러운 자와 성급한 자가 똑같이 성공하는 예를 볼 수 있다. 이 모든 것은 행동 방식이 시대의 흐름과 일치하였는가 일치하지 않았는가 하는 데서 일어난다. 즉 내가 이미 말한 바와 같이 서로 다르게 행동한 두 사람이 같은 결과에 도달하고, 똑같이 행동하였는데 한 사람은 성공하고 한 사람은 실패하게 된 것은 모두 시대의 흐름에 적응하며 처신했는지의 여부에 기인한다. 마찬가지로 운이 있고 없음도 여기에 기인한다. 그러므로 최선의 방법이라 할지라도 그 성공 여부는 시대의 흐름에 달려 있다. 만일 한 인간이 생각이 깊고 참을성 있게 행동한다면 시대의 흐름과 주위 환경의 도움으로 성공할 것이지만, 시대의 흐름과 주변 환경이 바뀌어도 자신의 태도를 바꾸지 않는 한 그는 몰락하고 말 것이다.

이러한 시대의 흐름과 주변 상황의 변화에 어떻게 적응할 것인가를 알 만큼 생각이 깊은 사람은 별로 없는데, 그 첫째 이유는 인간은 자연에서 받은 성질에서 벗어날 수 없고, 그 다음 이유는 한 가지 일에 집착해서 성공하게 되면 자신이 집착해왔던 일에서 쉽사리 벗어나려 하지 않기 때문이다. 그리고 아무리 시대의 흐름에 조심스런 사람이라도 과감하게 행동해야 할 시대의 흐름을 맞이했는데도 어찌할 줄 모르면 결국 파멸하고 만다. 반면에 시대의 흐름과 주변 상황에 따라서 자신을 변화시킨다면 운명도 그를 버리지는 않을 것이다.

운명의 주인이 되려는 자는 과감하게 행동하라

교황 율리우스 2세[1]는 그의 모든 계획을 성급하게 추진시켰으나 시대의 흐름과 상황이 그의 행동 양식과 조화되었기에 매사에 좋은 결과를 얻었다. 조반니 벤티볼리 가가 몰락하기 이전 무렵 볼로냐에 대한 그의 첫 원정[2]을 살펴보면 알 수 있다. 베네치아인들은 이 계획을 지지하지 않았고 스페인 왕도 반대했으며, 프랑스 왕과 교황도 이 문제에 관한 협의를 시작했다. 그러나 교황은 그의 몸에 밴 대담성과 과단성을 가지고 독자적으로 원정에 나섰다. 이 행동으로 스페인 왕과 베네치아인은 견제를 당했다.

후자는 공포 때문에, 전자는 나폴리 왕국의 모든 영토를 회복하기 위한 열망 때문이었다.[3] 그는 동시에 프랑스 왕을 자기편으로 끌어들였다. 교황의 움직임을 보고 프랑스 왕은 베네치아인을 굴복시키기 위하여 교황과 동맹을 맺고자 하였으며, 이는 손해를 보지 않고 그의 도움을 받기 위해서는 그를 거부할 수 없다는 것을 알았기 때문이다. 그리하여 율리우스는 과감한 행동으로 다른 교황들이 지혜와 슬기를 가지고서도 성취할 수 없었던 것을 수행할

---

1) "교황 율리우스 2세는 재위 기간 동안 충동과 격정으로 일관했다. 그러나 시대의 흐름과 적절하게 일치하였기에 하는 일마다 모조리 성공하였다. 그러나 정세가 변하여 그에게 다른 성질이 요구되었다면 그는 파멸을 면치 못했을 것이다. 왜냐하면 그는 평상시의 행위와 습관적 방법을 바꾸는 것이 불가능하였기 때문이다"(《정략론》 제3권 제9장).
2) 교황의 볼로냐 공략은 1560년 11월 11일에 행해졌다.
3) 베네치아 공화국은 아드리아 해, 이오니아 해 연안의 여러 도시를 1508년 이후 잃고 말았다.

수 있었다.

그러나 다른 교황처럼 그의 모든 계획이 매듭지어지고 모든 준비가 충분히 갖추어질 때까지 로마에서의 출발을 늦추었더라면 결코 성공하지 못했을 것이다. 그렇게 되면 프랑스 왕은 그의 행동을 연기시킬 수 있는 많은 구실을 발견하게 되었을 것이고, 다른 나라들도 수차례의 경고로써 그를 위협했을 것이다.

나는 교황의 다른 행동에 대해서는 언급하지 않겠다. 다른 행동들은 모두 비슷한 성질의 것이고, 또한 좋은 결과를 가져왔다. 그는 단명하였기에 불운을 경험할 여유가 없었기 때문이다. 그러나 만일 그가 신중하게 행동할 필요성이 있는 시기가 왔더라면 그는 파멸하였을 것이다. 그 이유는 그가 타고난 성질대로의 행동에서 결코 벗어나지 않았을 것이기 때문이다.[4]

간단히 말하면 운명은 변화하고 사람은 그들 자신의 방식에 집착하려고 하기 때문에, 양자가 조화를 이루는 한 번영하고 조화되지 못할 때는 번영하지 못한다. 이 문제에 대해서 나는 용의주도한 것보다 과감하게 행동하는 편이 더 좋다고 생각한다. 왜냐하면 운명의 신은 여신이므로 그녀를 정복하려면 두들기고 난폭하게 다루지 않으면 안 된다.[5]

운명은 아주 신중하게 접근하는 사람들보다 거칠게 다루는 사람들에게 더욱 쉽게 복종한다. 그리고 운명은 여성이기 때문에 젊은이를 좋아한다. 왜냐하면 젊은이는 조심성이 적고 발랄하며 그리고 대담한 행동으로 그녀를 지배하기 때문이다.

---

4) 인간은 환경이 변하거나 여러 가지 체험을 쌓을지라도 태어날 때부터 지닌 성질은 좀처럼 변하지 않는다는 것이 마키아벨리의 지론이다. 《정략론》 제3권 제9장 참조.
5) 여자는 학대하는 편이 낫다고 하는 것은 당시의 일반적인 사고방식이었다. 당시 속담으로 '여자에게는 좋든 나쁘든 몽둥이가 필요하다'는 것이 있었다. 이런 남존여비 사상에서 나온 여성관은 동서고금이 별 차이가 없는 듯하다.

제26장
이탈리아를 해방시키기 위한 권고

앞서 논한 문제를 심사숙고해보건대, 현재 이탈리아의 새로운 군주에게 명예를 수여할 때가 왔는가, 또한 현명하고 용감한 군주에게 영광을 부여함과 동시에 이탈리아의 민중 전체에게 행복을 부여할 수 있는 적당한 기회가 왔는가에 대하여 나는 곰곰이 생각해보았다. 내가 아는 바로는 새로 등극한 군주에게 매사가 유리하게 조성되어 있어 군주가 영광을 이루기에 지금처럼 유리한 때는 일찍이 없었다고 생각한다.

내가 이미 말한 바와 같이, 모세가 용맹을 나타내기 위해서는 이스라엘 백성이 이집트에서 노예가 되는 것이 필요하였고, 키루스 왕의 위대함과 용기를 드러내기 위해서는 페르시아인이 메디아인에게 억압받아야 했으며, 테세우스의 탁월함을 보여주기 위해서는 아테네인이 분산되고 분열될 필요가 있었다. 그렇다고 하면 지금이야말로 이탈리아인의 위대한 정신을 입증하기 위해서 이탈리아의 현재 상태는 이스라엘 백성보다 훨씬 더 비참한 노예 상태가 되어야 하고, 페르시아인보다 더욱 억압받아야 하며, 또 아테네보다 더욱 분열되어야 하고, 지도자도 없고 질서도 없고 두들겨 맞고 약

로렌초 디 피에르 데 메디치.   교황 레오 10세 (조반니 데 메디치)

탈되며, 갈기갈기 찢겨지고 짓밟혀서 온갖 재난을 겪어야만 한다.

그런데 어떤 사람[1])이 신으로부터 이탈리아의 해방을 명령받았다는 한 가닥 희망을 보여주었지만, 그의 행동의 절정기에 운명에 의해 버림받았다는 것을 나중에야 알게 되었다. 그리하여 이탈리아는 생기를 잃어버린 채 다만 그 상처를 어루만져줄(롬바르디아 지방의 유린과 약탈[2])에 종지부를 찍으며 나폴리와 토스카나 지방의 과중한 세금과 부과금을 종식시키고, 또 오랫동안 곪았던 깊은 상처를 고쳐줄) 사람을 기다려야만 했다.

이탈리아가 이런 야만적인 잔인함과 압제에서 구원해줄 인물을 보내주시도록 신에게 얼마나 기도하고 있는지 우리는 잘 알고 있다. 이탈리아는 누군가 깃발을 올리는 이가 있기만 하면 기꺼이 그 깃발을 따를 각오와 열의로 충만해 있음 또한 우리는 보고 있다.

---

1) 체자레 보르지아를 가리킨다.
2) 롬바르디아 지방은 1494년 이후 끊임없이 전쟁터가 되었다. 한편 토스카나 지방은 싸움터는 안 되었으나, 민중은 국왕이나 황제의 과중한 세금으로 고통을 겪었다.

그러나 현재의 능력과 행운을 갖추고 있고, 신과 로마 교회로부터 지지를 받고 있을 뿐 아니라, 세속의 질서를 다스리고 있는 교회에서 최상의 지위를 차지하고 있는 저명한 전하殿下 일가3)를 제외하고는 구원자의 역할을 수행할 수 있는 이는 아무도 없다.

만일 전하께서 앞에서 내가 이름을 든 사람4)들의 생애와 행동을 기억에 되새기신다면 이것이 그렇게 어려운 과제는 아닐 것이다. 비록 그들은 탁월하고 비범한 사람들이긴 했지만 결국 그들도 인간이었으며, 그들 중 어느 누구도 지금 전하께서 누리고 있는 것과 같은 절호의 기회는 가지지 못했다.

왜냐하면 그들의 과업은 우리의 과업만큼 정당하지도 그리고 쉬운 것도 아니었으며, 또 전하만큼 신의 가호도 받지 못했다. 바로 이 점 때문에 전하께서 이탈리아의 해방자가 되실 수 있는 명분을 가지고 있는 것이다. "필요불가결할 때의 전쟁은 정당하며, 무력 이외에 희망을 걸 수 없을 때 무기 또한 신성하다."5) 오늘날 주위의 모든 환경은 이러한 과업을 수행할 최적의 상태에 놓여 있다. 만일 전하께서 내가 앞서 열거한 방법을 쓰신다면 나라를 중흥시키기 위한 과업은 어렵지 않을 것이다.

뿐만 아니라 바로 여기에 하느님께서 베풀어주신 불가사의하고도 전례 없는 기적이 나타나고 있다. "바다는 갈라지고 구름이 길을 인도하며, 바위는 샘물을 내뿜고 하늘에서는 만나6)가 쏟아지고 있다." 모든 것이 전하의 위대함을 고무하기 위해 협력하고 있다.

---

3) 피렌체의 지배자인 메디치 가家를 말함. 마키아벨리는 로렌초 데 메디치에게 《군주론》을 바치려고 하였다. 일족 중에서 교황 레오 10세가 나왔다.
4) 모세, 키루스, 테세우스 3인을 말한다.
5) 《정략론》 제9권 제1장 참조.
6) 만나(manna)는 이스라엘 백성들이 아라비아의 광야에서 하느님으로부터 받은 음식물을 가리킨다. 《구약성서》의 〈출애굽기〉에 나오는 표현이다.

남은 것은 전하께서 이루시지 않으면 안 되는 것이다. 왜냐하면 신은 모든 것을 하려고는 하지 않으며 우리의 자유의지를 빼앗거나 우리에게 부여된 영광의 몫을 빼앗아버리려 하지는 않기 때문이다.

훌륭하신 전하 집안이 이룩하여줄 것이라고 희망하는 바를 앞에서 이름을 든 이탈리아인[7] 중 어느 누구도 이룩해내지 못하였다고 해서 놀랄 필요는 없다. 그리고 수없이 많은 혁명과 전쟁의 소용돌이 속에서 이탈리아의 군사력이 기진맥진한 듯 보일지라도 놀랄 것이 못 된다. 왜냐하면 이는 옛 제도의 결함과, 새로운 제도를 생각해내어 건의할 사람이 없는 데 그 이유가 있는 것이기 때문이다.

따라서 새로운 법률과 제도를 고안하는 것만큼 군주에게 명예를 부여하는 일은 없다. 이들 법과 제도가 훌륭한 기초 위에 서게 되고 뿌리내리게 되면 그 군주는 존경받고 찬양받게 된다. 그리고 이탈리아에는 개혁을 위해 노력해야 할 일들이 무수히 많다.

머리는 약할지라도 다리는 튼튼하다.[8] 그리고 우리는 결투와 소규모의 전투에서, 이탈리아인의 힘과 기민함과 지혜가 얼마나 월등한가를 매일 보고 있다.

그러나 군대 문제에서는 그런 특징을 찾아볼 수 없다. 이 원인은 그들 지도자의 결점에서 유래한다. 군대에서 유능한 자는 명령에 복종하지 않고 모두 이는 각자 자기가 유능하다고 생각하기 때문이다. 이제까지 자신의 능력과 행운에 의해 다른 사람들을 복종시킬 만한 인물이 없었다. 이 때문에 20년의 긴 세월 동안 일어났던 수많은 전쟁에서 그 군대가 순전히 이탈리아인만으로 이루어진 경

---

[7] 프란체스코 스포르차가 아니면 체자레 보르지아를 암시하고 있다.
[8] 16세기 이탈리아의 많은 지식인은 고대 로마의 혈통을 계승한 이탈리아에는 용맹스런 정신은 남아 있으나 훌륭한 지도자는 없다고 생각하고 있었다. 그러나 실제로는 다만 한 사람의 지도자가 없는 것이 아니라 개인적으로는 우수한 이탈리아 민중을 조직할 힘이 결여되어 있다고도 생각할 수 있다. 여기서 마키아벨리는 군사제도면에서 이 시대의 결함을 날카롭게 파헤치고 있다.

우는 항상 패하였다. 이러한 사실의 증거로는 첫째가 '따로의 전투'이고 다음은 알렉산드리아, 카푸아, 제노아, 바이라, 볼로냐, 메스트리에서의 전투[9]였다.

그리하여 만일 훌륭하신 전하 집안이 과거 자기의 나라를 구원한 이 위대한 인물들[10]의 모범을 따르려고 하신다면, 무엇보다도 먼저 필요한 것은 그러한 모든 과업의 참된 기초로써 전하 자신의 군대를 양성하는 일이다. 왜냐하면 자국의 군대만큼 용감하고 진실하며 충성스런 군대는 없기 때문이다. 그리고 그 병사 개개인이 아무리 훌륭하다고 할지라도 전하께서 그들을 직접 지휘하시고 그들에게 직접 명예를 내리시며 그들을 신임하실 경우, 그들은 집단적으로 더욱 훌륭해질 것이다.

그러므로 이탈리아인의 용맹을 가지고 외세에 대항하여 전하 자신을 지키기 위한 가능한 첫 단계는 이러한 군대를 양성하는 일이다. 그리고 스위스와 스페인의 보병이 두려운 상대로 평가되고 있으나, 이 양자에게도 결점이 있으므로 그들을 저지시킬 수 있고 그들을 타도할 수 있다고 확신하는 제3의 군대를 조직해야 한다. 왜냐하면 스페인군은 기병대에게는 대항하지 못하며, 스위스인은 전쟁터에서 그들에게 뒤지지 않는 완강한 보병대를 만나면 물러나게 되기 때문이다.

따라서 이미 본 바와 같이, 그리고 앞으로도 보게 될 것이지만, 스페인의 보병은 프랑스 기병의 공격을 견디어내지 못하며, 스위스군은 스페인의 보병을 막아낼 수 없을 것이다. 후자에 대해서는

---

[9] 이 예는 모두 1495년부터 1513년에 걸친 외국군과 이탈리아인 간의 전쟁이다. 샤를 8세의 프랑스군에 패한 따로의 전쟁(1495), 알렉산드리아의 전투(1499), 카푸아의 전투(1501), 제노아의 전투(1502), 유명한 바이라의 전투(1509), 프랑스군의 지원으로 벤티볼리 집안이 복귀하게 되는 볼로냐의 전투(1511), 스페인군에 의한 메스트리의 전투(1513)를 가리킨다.

[10] 모세, 테세우스, 키루스의 위인들을 말한다.

프랑스 왕 샤를 8세의 피렌체 입성.

분명한 예를 들 수 없으나 '라벤나의 전투'[11]에서 그 예를 찾을 수 있었다.

이 전투에서 스페인 보병은 스위스군과 같은 전술을 사용하는 독일 부대와 교전했다. 스페인군은 민첩한 행동에 더해 그들의 왼손에 둥근 방패를 들고 독일군의 창 아래로 뚫고 들어가 공격하였기 때문에 긴 창을 든 독일군은 더 이상 자신을 방어하지 못했다. 만일 그때 기병대의 공격이 없었더라면 독일군은 전멸하였을 것이다. 그러므로 양국 보병대의 결점을 알면 기병대와도 대항할 수 있고 또 보병도 두려워하지 않는 하나의 체제 위에서 자신의 군대를 훈련시킬 수 있을 것이다.

이러한 결점을 피하고 보병과 기병에 대항할 수 있는 새로운 군대를 조직해야 한다. 그러기 위해서는 새로운 군대의 창설뿐만 아니라

---

[11] 라벤나(Ravenna) 근방에서의 야전(野戰)을 가리킨다. 1511년 4월, 스페인군은 가스통 드 포아가 지휘하는 프랑스군에게 패했다. 제13장 참조.

제26장 179

군대의 조직 및 훈련도 완전히 바꾸어야만 한다. 그리고 이것은 새로운 군주가 명성과 위대함을 얻을 수 있는 일 가운데 하나다.

　오랜 세월이 지나 마침내 구원자를 찾아낸 지금, 이탈리아는 이 기회를 절대 놓쳐서는 안 된다. 외국인의 침략으로 고통 받는 이탈리아의 모든 지방에서 그 구세주가 얼마나 열렬한 사랑으로 받아들여질 것인지, 어떤 불타는 복수심으로, 또 얼마나 확고한 충성심과 헌신과 많은 눈물로 맞아들여질 것인지, 나의 펜으로 표현하기에는 역부족이다. 이 사람에 반대하여 닫혀질 성문이 있을 것인가? 어떤 민중이 그에 대한 순종을 거부할 것인가? 어떤 질투심이 그의 길에 맞설 것인가? 어떤 이탈리아인이 그에 대한 경의를 거부할 것인가?

　이 야만의 지배는 모든 사람들의 코에 악취를 풍기고 있다.

　그러므로 훌륭하신 전하 일가는 이 정의로운 대의大義에 관하여 모든 용기와 희망을 가지고 이 일을 맡아주시기 바랍니다. 그렇게 함으로써 전하의 깃발 아래 우리 조국은 고귀하게 되고, 전하의 보호 하에 페트라르카가 한 말이 실제로 증명될 것입니다.

　　힘은 야만인의 광포함에 대항해 무기를 잡고 일어나라.
　　싸움은 곧 끝나리라.
　　그 옛날의 로마인들로부터 전해진 용기는
　　이탈리아인의 마음에 아직도 살아 있기에.12)

---

12) 페트라르카의 유명한 칸초네의 1절. 마키아벨리는 페트라르카의 시를 좋아했다. 아마 내용면에서 가장 공감이 간 이 시로써 그의 논문의 최후를 장식하였을 것이다. 이 칸초네 속에서 페트라르카는 이탈리아의 영주들이 눈앞의 이해관계 때문에 외국 용병을 끌어들여서 아름다운 국토와 민중을 유린하고 있다고 격노하였다. 싸움은 곧 끝나리라고 한 것은 승리가 눈앞에 있다는 뜻이다.

페트라르카(1304~74 : 문예 부흥기의 시인. 고전학자). <신곡>의 작가 단테, <데카메론>의 작가 보카치오와 함께 이탈리아 르네상스 문학을 대표하는 시인.

□ 작품 해설 I

근대 정치학의 시조 마키아벨리

이 상 두
(전 시립대 교수)

1. 마키아벨리의 생애

니콜로 마키아벨리는 1469년 5월 3일, 아버지 베르나르도 디 마키아벨리와 어머니 바르토로메아 데 네리의 장남으로 피렌체에서 태어났다. 그의 집안은 토스카나 지방의 귀족이었으나, 그 뒤 피렌체에 살면서 대대로 피렌체 정청政廳의 서기로 일했다. 아버지 베르나르도는 법률가였으나 자산도 수입도 넉넉지 못해 중류 정도의 생활을 하고 있었으며, 아내와 네 자녀의 생계와 양육을 위해 검소한 생활을 하지 않으면 안 되었다고 한다. 그러나 그는 키케로의 논술과 그 밖의 고전을 수집할 정도로 학문에 대단한 열정과 교양을 갖추고 있었다. 한편 어머니 바르토로메아의 가문도 토스카나의 명문이었는데, 그녀는 시재詩才가 있어 몇 편의 종교시를 남겼다.

마키아벨리는 이런 아버지와 어머니의 영향을 많이 받은 듯하다. 마키아벨리는 소년 시절부터 라틴어와 그리스어를 학습했으나 그리스어는 능통하지 못했다.

마이네케의 말을 빌리면, "그는 르네상스 운동의 모든 내용을 섭취한 것은 아니었다. 그 종교적 욕구 및 사변적思辨的 욕구를 다가지지도 못했고, 또 르네상스의 예술적 노력을 각별히 평가하지도 않았다. 그가 이처럼 당시의 예술에 크게 감명을 받지 않았던 것은 그가 예술가이기보다는 정치에 더 많은 관심을 기울였기 때문이다."

그런데 피렌체는 이탈리아의 다른 도시들보다 앞선 공업 도시였고 또한 금융 도시로서 번창했다. 따라서 그 공업적·금융적 부를 배경으로 15세기에 가장 큰 번영을 누렸다.

1478년 로렌초 데 메디치, 즉 대(大)로렌초가 피렌체의 통치자가 된 후 공화제는 명목만을 유지했으나, 이 시대의 이탈리아 국가들 간에 세력 균형이 이루어져 평화 상태가 계속되었으며, 피렌체의 문화 또한 난숙기(爛熟期)를 맞게 되었다. 그러나 로렌초가 사망한 1492년은 마키아벨리가 23세 때였는데, 그의 죽음을 계기로 피렌체는 재난과 불운의 시기에 접어들게 되었다. 범용(凡庸)한 피에로가 로렌초의 뒤를 잇자 곧 그 반동이 나타났다.

마키아벨리가 피렌체의 정계에 발을 들여놓기 전에 그에게 정치의 무상함을 느끼게 하는 사건들이 잇달아 일어났는데, 그것은 로렌초의 권세와 피에로의 추방, 사보나롤라의 등장과 몰락이라는 정치 변동이다.

1494년 프랑스의 샤를 8세가 군대를 이끌고 이탈리아에 침입하여 피렌체에 들이닥치자, 피에로는 굴욕적인 강화를 맺으려 하다가 시민에게 버림받아 추방되었다. 피렌체는 새로 공화정체를 부활시켜 사보나롤라를 그 지도자로 추대하였다. 그는 성직자로서 신권정치를 폈으나 이는 불과 4년 만에 무너지고 말았다. 이 광신적인 성직자는 반대파의 모략과 교황의 파문에 의한 압박에 굴복하여 1498년 5월 23일 이단(異端)의 죄로 화형에 처해졌다. 사보나롤라를 통해서 신의 영광과 정치의 비극을 목격한 마키아벨리는 그 후 《군주론》에다 이렇게 썼다.

"무장한 예언자는 모두 승리를 차지하고 무장이 없는 예언자는 망한다."

사람들의 영혼의 개혁만으로 정치 개혁을 기대한다는 것은 어렵다. 이 성공을 위해선 모든 정치적·군사적 수단을 강구하고 또 행사해야 한다. 정치는 종교에 봉사하는 것이 아니라 그 자체의 합목적적인 논리에 따르게 된다고 그는 생각했다.

사보나롤라가 처형된 후에 피에로 소데리니가 피렌체 공화정의 수령이 되고, 이때에 비로소 마키아벨리는 정계에 등장할 기회를 갖는다. 그는 사보나롤라가 순교한 지 며칠 안 되는 1498년 5월 28일 피렌체 정청에 들어가 곧 제2서기국의 서기가 되었는데, 그때 그의 나이는 29세였다.

마키아벨리의 첫 등장은 그의 선배인 마르첼레오 비르질리오(Marcelleo Virgilio, 1464~1521)의 추천에 의한 것이다. 피렌체 공화정에서는 시뇨리아(Signoria, 중앙정청)가 모든 정무를 담당하였는데, 여기에는 4개의 서기국이 있고, 마르첼레오 비르질리오는 당시 제1서기국 국장이었다.

제2서기국은 주로 내정과 군정을 관할했으며, 이 국의 서기로서의 지위는 그의 정치 이념을 실현하기 위해서는 너무나 낮은 관직이었는지도 모른다. 그러나 정부 위원은 단기간에 교체되었지만 마키아벨리와 같은 전문직에 종사하는 관료는 도리어 외교 사절 수행원으로 각국의 국왕이나 교황, 참주와 직접 교섭하여 그 정치 실태를 상세히 파악할 수 있는 이점이 있었다.

오랫동안의 독서 생활과 연구에 의해 단련된 마키아벨리의 두뇌는 비로소 이탈리아의 착잡하고도 복잡하게 뒤얽힌 현실 정치에 불꽃을 튀기며 접촉하게 된 것이다. 이 후 15년 동안 외교와 군사 문제에 관계하여 이탈리아 여러 도시를 바쁘게 돌아다녔으며, 프랑스·독일·스위스에 파견되는 등 매우 분망한 나날을 보내게 되었다.

1499년 7월, 마키아벨리는 다행스럽게도 르네상스가 자랑하는 여걸과 만나게 되었다. 최초의 외교 사절로서 북이탈리아의 소도시 포를리 및 이모라의 여성주女城主인 카테리나 스포르차와 그 아들에 대하여 용병 계약을 체결하기 위한 교섭에 파견된 것이다. 포를리와 이모라는 피렌체의 전략상 요지였기 때문에 피렌체는 그녀와 우호 관계를 맺기 위하여 많은 액수의 용병료를 지불하고 있었다. 이 용병료를 되도록이면 낮추고 그러면서 우호 관계는 여전히 지속시키도록 하라는 것이 정청의 지령이었다. 이 여성주와의 일주일에 걸친 대담은 마키아벨리에게 강대국들에 둘러싸인 소국의 정치적 노련미를 향상시켜주었다.

다음해 7월, 피사 문제로 루이 12세와 교섭하기 위해 마키아벨리는 데라 카사 대사의 보좌역으로 프랑스를 방문했다.

1494년, 피사는 피렌체의 지배에 반발하여 피사 전쟁을 일으켰다. 피렌체는 유명한 용병대장 파올로 비텔리(Paolo Vitelli)를 군사령관으로 하여 피사를 공격하였으나 별다른 진척이 없었다. 피렌체 정청은 그 이유를 비텔리의 배신행위로 간주하여 그를 처형하고 말았다. 이리하여 피사 전쟁은 교착 상태에 빠졌던 것이다. 루이 12세는 샤를 8세의 야심을 이어받아 1498년 최초의 밀라노 진주 때 피렌체에 대해 피사 공격의 원군을 보낼 것을 약속하고 있었다. 그러나 수천 명의 원군이 도착하긴 했어도 피사의 방위는 견고하여 프랑스군의 공격은 성과를 거두지 못하였다. 게다가 루이 12세는 군대 유지 명목으로 막대한 비용을 요구하였다. 이 난국을 타개하기 위해서는 루이 12세와 직접 교섭하는 것이 필요하였다. 방문 도중 대사인 데라 카사가 병으로 귀국하는 바람에 마키아벨리가 혼자서 어려운 일을 해내야만 했다.

이때 마키아벨리는 루이 12세에게 큰 영향력을 미치고 있던 루앙의 대주교 조르주 담브와즈(George d'Amboise)와 지기知己가 되었다. 대주교는 젊은 마키아벨리에게 탁월한 재능과 정치 문제에 대한 예리한 통찰력이 있음을 알고 경탄을 금치 못했다. 마키아벨리는 작년 가을 이미 볼로냐 공격을 개시한 체자레 보르지아의 무서운 권세를 자상하게 설명하면서 때때로 대주교를 설득하려고 노력했다. 프랑스와의 동맹을 성공시켰으나, 마키아벨리가 이탈리아 통일에 광신적인 정열을 느낀 것은 바로 이 교섭을 통해서였다.

1502년 6월, 마키아벨리의 생애에 운명적인 사건이 기다리고 있었다. 그것은 교황 알렉산데르 6세와 로마의 유명한 창녀 사이에서 태어난 체자레 보르지아와 교섭하는 일이었다. 체자레 보르지아는 루이 12세와 교황 알렉산데르 6세의 지원으로 1499년, 로마냐 정복을 개시한 후 잇달아 이모라, 포를리, 파엔자, 우르비노 등을 점령하였다. 마키아벨리의 임무는 체자레와 우호 관계를 맺고 체자레 보르지아에 의해 점령된 피렌체의 속령인 아레초와 바르 데 기아나를 돌려받는 일이었다. 그러나 마키아벨리는 자신의 의지력이나 통찰력이 전혀 먹혀들지 않는 비범한 상대를 발견하게 되었고 따라서 교섭은 진척되지 않았다. 그는 훈령을 받기 위해 피렌체로 되돌아갔다가 10월에 다시 체자레를 방문했다.

마키아벨리가 가까이에서 관찰한 체자레는 매우 뛰어난 역량을 가지고 있었다. 그는 사람들에게 두려움과 사랑을 동시에 받는 재간이 있었던 것이다. '운이나 타인의 힘으로 정권을 획득한 모든 군주가 꼭 모방하여야 할 인물'이라고 느낀 마키아벨리는 체자레를 이탈리아 군주의 전형으로 생각했다.

그런데 로마냐 지방을 거의 정복한 체자레는 이탈리아 통일을 위한 소망을 실천에 옮기려 했으나, 1503년 교황 알렉산데르 6세의 급사로 사태는 돌변하고 말았다. 어떤 말에 의하면 교황 알렉산데르 6세는 자기를 반대하는 몇 명의 추기경을 연회에 초대, 독살하려고 준비해둔 독약을 탄 포도주를 잘못 알고 마셔버렸다는 것이다. 체자레도 그것을 마셨으나 강철 같은 의지와 육체로 목숨을 건질 수 있었다. 그러나 교황의 죽음을 계기로 체자레는 운명의 여신에게 버림을 받기 시작한 것이다.

후일 체자레는 마키아벨리에게, "아버지가 돌아가셨을 때 나도 죽어가고 있었으리라고는 전혀 생각지 않았다"고 말했다 한다.

마키아벨리는 체자레가 파멸당한 또 하나의 원인으로서 교황 알렉산데르 6세가 적대시하였던 율리우스 2세를 교황으로 선출하게 한 일이라고 말하였다. 율리우스 2세는 체자레가 파멸할 때까지 그를 계속 궁지로 몰아넣었다.

교황 율리우스 2세는 이탈리아에 진주하고 있는 외적을 물리치고 교황권에 의한 이탈리아 통일의 야망을 가지고 있었다. 외적이란 프랑스·독일·스페인을 말한다. 율리우스 2세는 체자레가 경영하고 있던 로마냐를 손아귀에 넣으려 하였고, 페루지아와 볼로냐에 대한 공격을 개시했다. 1506년에는 20여 명의 추기경과 프랑스 군대와 용병대장을 스스로 지휘하였다. 이때 교황은 피렌체에 용병군의 제공을 요구했다. 볼로냐는 피렌체 가까이에 있었고, 볼로냐의 운명은 곧 피렌체의 운명에 직결되고 있었다. 마키아벨리는 이의 절충 교섭을 위해 율리우스 2세에게 파견되었다. 페루지아는 노령老齡의 교황이 진두지휘하는 광경에 질려 한바탕 싸움도 벌이지 못하고 항복하였으며, 볼로냐도 역시 3개월 후에 굴복하고 말았다.

피렌체는 용병대장 마르칸토니오 코론나를 파견, 교황에게 화해를 요청했다. 마키아벨리는 율리우스 2세가 다른 교황이 하지 못한 일을 성취한 것은 운명의 은총과 과단성 있는 행동이 일치한 덕분이라고 생각했다.

율리우스 2세는 1508년, 독일·스페인·프랑스와 동맹을 맺고 베네치아 공략을 개시했다. 베네치아는 피렌체와 함께 이탈리아의 국가 통일 운동을 저해하는 강력한 도시 국가를 형성하고 있었기 때문에, 율리우스 2세가 이탈리아를 지배하는 데 있어 최대의 적대 세력이었다. 그러나 베네치아는 동맹군에 의해 패하여 분할되고 말았다. 1511년 율리우스 2세는 이번엔 동맹 관계를 역전하여 대불(對佛) 신성동맹을 맺었다. 여기에는 교황·독일·스페인·베네치아·영국이 가맹했으며, 프랑스를 이탈리아로부터 몰아내려고 하였다. 이로 인해 오랫동안 프랑스와 우호 관계를 맺고 있던 피렌체는 교황과 루이 12세의 중간에 끼여 거취를 결정하지 못한 채 중립을 지켜왔으나, 결국 교황과 스페인군의 남하에 의한 위협을 받기에 이르렀다. 그런데 교황파는 메디치가의 피렌체 복귀를 획책, 지원하고 있었다.

1512년 8월 29일, 스페인과 라몬 카르도나 장군이 피렌체의 전초 기지 프라토에 침입하여 약탈을 자행했다. 이때 피렌체의 국민군은 적의 대포 소리만 듣고 기절초풍하여 거의 싸움도 하지 않고 도망쳐버렸다. 국민군은 도시의 빈민과 농민으로 이루어져 있었기 때문이었다. 마키아벨리가 이 국민군에 쏟은 수년간의 노력은 이렇듯 허사가 되고 말았다.

그런데 이 스페인의 침공이 있기 7년 전인 1505년에 마키아벨리는 중세의 시민군이나 체자레 군대의 성공에서 느낀 바 있어 용병군을 폐지하고 국민군 민병제를 실시할 것을 피렌체 정청에 건의했다. 이의 직접적인 동기가 피사 전선에서의 피렌체군의 패퇴였던 것이다. 그의 구상은 소위 상비군과 달리 휴가를 이용하여 일반 시민을 훈련하고 전쟁이 일어날 경우에는 무장시켜 군대로서 활동시킨다는 것이었다. 종신 통령統領 소델리니는 마키아벨리의 건의를 받아들여 시민에게 병역을 부과했다. 그러나 귀족과 대시민으로부터 일반 시민을 무장시키는 것은 반란의 위험성이 있다는 강한 반대에 부딪혀 마키아벨리의 계획은 성과를 거두지 못했다. 사실 이와 같은 근대적인 군제는 견고한 국가 의식 위에 선 민주국가에서만 실현되는 것이며, 거기까지 생각지 못한 마키아벨리의 비극은 여기에서도 볼 수 있다.

그러나 마키아벨리는 피렌체에 속하는 촌락과 소도시로부터 병사를 징집하여, 1506년 국민군을 편성하고 징병 문제 담당관으로서 동분서주한 바 있다. 국민군의 참패로 인한 불안한 정세 속에서 메디치파의 폭동이 일어나고, 9월 1일 종신 통령 소델리니는 망명길을 떠나게 되었다. 같은 날 율리아노 데 메디치는 정복자로서 피렌체에 개선·복귀하기에 이르렀다.

메디치 가家의 복벽復辟은 마키아벨리에겐 불운의 시발점이었다. 그로부터 2개월 뒤인 11월 17일, 마키아벨리는 면직 처분을 받고 피렌체 영내에서 금족禁足 상태에 놓이게 되었다. 그 다음해에는 반反메디치 음모에 가담했다는 혐의로 스테인케 감옥에 투옥되었다. 4월, 교황 레오 10세(조반니 데 메디치)의 즉위에 따라 대사령大赦令을 받고 석방되었으나, 피렌체에 더 머물러 있을 수가 없어 시의 근교에 있는 산탄도레아인 페르구시나의 산장에 거처하게 되었다.

유폐에 가까운 실의와 적막과 무료한 산장 생활 속에서 마키아벨리는 오로지 저작 활동에 전념하게 되었고 《군주론》,《정략론》 등의 걸작을 저술하기에 이르렀다.

1526년, 마키아벨리는 면직 14년 만에 피렌체 방벽 방위 위원장에 임명되어 정계에 복귀하게 되었다. 당시, 즉 1520년대는 이탈리아를 에워싼 열강의 대립·투쟁이 그 절정에 달하고 있었다. 신성 로마 황제로서 스페인 왕을 겸한 카를 5세와 프랑스 왕 프랑수와 1세와의 숙명적인 대립이 이탈리아 전쟁(1521~1544)을 불러일으켰다. 1524년, 교황 클레멘스 7세는 프랑수와 1세와 함께 카를 5세에 대항하였으나 프랑스군은 패하고 황제군은 계속 남하하여 로마와 피렌체는 심각한 위협을 받기에 이르렀다. 이런 위기 속에서 방벽 방위 위원장으로 임명된 마키아벨리는 황제군에 대한 방위 대책으로 노심초사하였다.

카를 5세의 군대는 드디어 로마에 침입하게 되고, 교황은 목숨아 날 살려라 하고 도망하여 로마는 여지없이 파괴되었다. 이것이 소위 1527년 5월 8일의 '로마의 약탈'이다. 이와 때를 같이 하여 피렌체에서 반메디치 폭동이 일어나 메디치 정권은 붕괴되고 다시 공화정이 들어섰다. 이때 마키아벨리는 치비타 베키오에 있었으나 새 정부로부터 돌연히 파면 통지를 받게 되어 실의 속에 귀국하게 된다.

1527년 6월 21일, 마키아벨리는 심한 위병胃病으로 불과 며칠 동안의 투병 끝에 58세를 일기로 세상을 떠났다. 마키아벨리의 유해는 산타크로체에 안장되었으나 가계家系의 단절로 인해 무덤마저 없어지고 말았다. 지금은 다만 이를 애통하게 여긴 몇몇 사람들에 의해 세워진 기념비가 남아 있을 뿐이다. 마키아벨리는 1502년경 마리에타 코르시니(Marietta Corsini)와 결혼했으며, 그녀와의 사이에 7명의 자녀를 두었다.

2. 마키아벨리의 시대적·정치적 상황

한 사람의 사상과 실천은 그가 살았던 시대적·정치적 상황의 영향과 제약을 받게 마련이다. 시대적·정치적 상황은 곧 사상의 여과기濾過器로서의 의미와 기능을 다하기 때문이다.

따라서 마키아벨리의 저서와 그에 담긴 사상을 올바르게 이해하고 파악하려면 먼저 그가 살았던 시대적·정치적 상황을 정확하게 알아두는 것이 필요하다. 더욱이 마키아벨리의 저서는 당시의 이탈리아, 특히 피렌체의 정치적 상황에 대한 날카로운 역사적 파악 및 정치가·외교관으로서의 체험에 바탕을 두고 있다. 역사에 관한 깊은 지식과 실제 경험이 훌륭하게 결합되어 있기 때문에 이것은 생명이 있는 사상이라고 할 수 있다. 그러므로 마키아벨리의 저서와·사상을 논하기에 앞서 그가 살았던 시대적·정치적 상황부터 살펴보고자 한다.

마키아벨리가 살았으며 활약했던 시대는 르네상스 말기인 16세기 초엽이었다. 이때 이탈리아 르네상스 문화는 그 절정에 이르고 있었다. 로렌초 데 메디치의 통치하에 있던 피렌체는 서유럽 시장에서 적잖은 장애에 부딪히고 있었으나, 해운업의 눈부신 발전은 동방으로부터의 많은 원료를 확보할 수 있었을 뿐 아니라 넓은 시장을 개척할 수가 있었다. 또 신흥 견직물 공업은 피렌체의 새로운 부富의 지주支柱 역할을 담당하고 있었다.

또 밀라노는 15세기 후반에 양모 공업이 크게 발달하여 모직물 제품은 독일에 수출되고, 나아가선 베네치아를 거쳐 동방 세계에까지 진출하게 되었다. 베네치아·제노바의 경제도 역시 그러하여 견직물 공업은 상승 추세에 있었다.

이러한 경제적 기반을 가진 각 도시의 시민 생활은 풍족하기 그지없었다. 로렌초 지배하의 피렌체의 경우, 시가 발행하는 공채公債도 거의 완전히 소화되었고, 시민은 고도의 소비생활을 영위하였다. 연중행사처럼 되어 있던 전쟁도 15세기 후반에는 자취를 감추고, 프랑스의 샤를 8세의 이탈리아 침입을 앞두고 안정 상태가 유지되어 도시민들은 안심하고 생활을 누릴 수 있었으나, 사람들의 마음 한구석에는 어느새 그 번영의 종말의 전조라고 할 수 있는 불안감이 스며들기 시작했다. 마키아벨리가 대大로렌초의 사망 직전에 피렌체의 대교회 위에 벼락이 떨어졌다고 말했던 것처럼[1] 이탈리아의 각지에 불길한 예감과 좌절감·허탈감이 일어나고 있었다. 번영과 풍요의 절정에 있는 이탈리아의 르네상스에 있어서 쇠퇴와 파멸을 예감한다는 것은 어떤 이유에 의해서인가. 그것은 이탈리아의 정치적·사회적 상황에 기인한다 하겠다. 이탈리아는 다른 유럽 여러 나라들, 즉 영국·프랑스·스페인 등과 같은 절대 군주하의 통일 국가는 아니었다. 대신 수많은 소군주국으로 분열되어 있었는데, 이 때문에 빈 회의 때 메테르니히(Metternich, 1773~1859)는 "이탈리아는 지리적 명칭에 불과하다"고 공언하기에 이른 것이다.

　이탈리아의 통일에 대한 염원은 르네상스 시대에 싹트기 시작했다. 그것은 단테 이후 페트라르카와 기타 많은 사람의 마음속 깊이 새겨진 소망이요, 비원悲願이었다. 이탈리아에는 크고 작은 도시 국가들이 각각 독자적으로 통치하고 있었으나, 16세기 초엽까지는 도시 국가간의 싸움에 의한 병합 과정을 거쳐 피렌체 공화국, 밀라노 공국, 베네치아 공화국, 교황령, 나폴리 왕국 등으로

---

1) 《정략론》제1권 제56장 참조.

분할·대치되어 있었다. 그러나 이탈리아의 분열·할거는 단순한 국가간의 세력 다툼에 의한 결과가 아니라 그 원인은 보다 깊은 곳에 있었다.

이탈리아의 분열은 공화국, 공국, 교황령, 왕국 등의 다양한 국가 유형이 잡다하게 혼합되어 있었다는 것만은 아니었다. 오히려 통일 국가를 지향하는 세력과 그것에 반대하는 세력간에 균형이 이루어지고 있는 데에 문제가 있었다. 이탈리아 제국의 국가 유형을 2개의 그룹으로 구별할 수 있다. 그 하나는 군주국가군[2]이고 다른 하나는 도시국가군[3]이다. 대체로 도시국가는 중세 봉건 제도의 속박에서 벗어나 민주정치, 공화정치를 이룩한 데 대한 그 근대적 진보성이 인정된다. 그렇기는 하나 도시국가는 명칭 그대로 고립된 단위로서 만일 통일국가 속에 끼어들게 되면 그것은 곧 스스로의 정부 소멸을 의미하게 된다. 따라서 도시국가는 그 성립과 동시에 보수적·현상유지적인 성격을 띠게 된다. 이 도시국가들은 하나같이 이탈리아의 통일에 반대하는 입장을 취하게 된다. 그러므로 군주국은 정치 체제상으로는 보수적이나 통일 문제에는 진보적 성격을 갖는 데 비해, 도시국가는 이와 반대로 자기 보전을 위해 역사에 역행하는 모순을 내포하고 있었다 하겠다. 이탈리아의 통일은 결국 1870년 사르디니아(Sardinia) 왕국에 의해 완성되었으나 이탈리아 통일 운동의 첫 기수는 역시 군주국 밀라노였다.

14세기에서 15세기 초에 걸쳐 밀라노 공작 잔가레아조 비스콘티가 통일 운동을 시작했다. 그러나 절대주의 국가에로의 성장 발달 때문에 공화국 피렌체라는 강력한 반대 견제 세력에 부딪치지 않으면 안 되었다. 이탈리아 통일을 저지·반대하는 세력은 바로 피

---

[2] 밀라노·나폴리·중북부의 소군주국들을 말한다.
[3] 피렌체·베네치아·시에나·루카 등을 가리킨다.

렌체였다. 이리하여 밀라노에 의한 통일 운동이 중단된 것은 1454년의 '로디의 평화'4)에 의해 분명히 드러나게 되었다. 이 강화에 참가한 밀라노 · 피렌체 · 교황 · 베네치아 등에 의해 각국의 자치가 재확인되고 이탈리아 분열에 대한 근본 사상이 형성되어 그것이 법적 근거를 갖기에 이르렀다.

그런데 피렌체를 비롯한 도시국가의 실권을 장악한 계층은 대상인大商人 그룹이었다. 그들은 도시국가와 이해관계를 함께 하기 때문에 이탈리아의 통일이 이루어져서 도시국가가 소멸되는 것을 곧 자기 자신들의 멸망 · 소멸로 받아들였다. 일반적으로 말해서 사회적 · 정치적 변혁을 '가진 계층'은 바라지 않으며 따라서 이를 반대한다. 왜냐하면 변혁이 자신들의 기득권을 위협 · 침해한다고 생각하기 때문이다. 따라서 이런 세력이나 계층은 '현상 유지파' 내지 '보수파'가 되는 경향이 있다. '현상 타파파'는 가진 것이 없으므로 어떤 변혁에 의해서든 잃을 것도 손해 볼 것도 별로 없는 사람들이라 할 수 있다.

통일 문제에도 이 논리는 거의 그대로 적용된다. 대부분의 사람들은 민족의 운명, 민족의 번영보다는 자기 개인이나 자기 계층의 운명과 번영을 우선적으로 생각하기 쉽다. 통일국가의 실현이 자기의 이해관계와 배치되고 따라서 손해와 불행을 가져올 위험성이 있다고 믿는 사람들은 왕왕 통일 반대 세력을 형성하거나 이에 동조 · 가담하게 되는 것이다. 이탈리아의 도시국가들과 그 나라의 부유한 상인층이 밀라노나 나폴리의 군주국에 의한 통일 운동에 반대한 것은 이와 같은 논리에 따른 당연한 귀결이라 하겠다. 이탈리아가 근대적인 통일국가로 성장 · 발전하지 못한 가장 큰 이유는

---

4) 밀라노의 참주 스포르차와 그에 대립하는 피렌체 · 교황 · 베네치아와의 강화를 말한다.

도시국가 내의 이러한 대상인들의 존재와 저항에서 찾을 수 있다.

피렌체를 비롯한 도시국가에서는 이탈리아의 통일을 희생한 값비싼 대가 위에서 도시의 번영과 대상인들의 이익을 추구하였던 것이다. 통일을 달성하지 못하고 분열되어 있는 한 유럽 열강에 의한 위협을 받게 되나, 그렇다고 하여 통일을 위한 활동을 하게 되면 그들은 존립이 어렵게 되고 만다는 자기모순에 빠지고 있었다.

그러나 눈앞의 이해관계와 현실적인 행복 안전을 유일한 안목으로 추구하는 상인 계급은 도시국가의 질서와 번영은 기필코 현상대로 유지·고정시켜야만 했다. 이런 필요에서 생겨난 방안의 하나가 바로 용병제도였다. 용병제도는 현재에도 일부 존속하고는 있지만, 이는 이탈리아 도시국가가 창안해낸 희귀하고도 독특한 군사제도라 할 수 있다. 학문이 숭상되고 예술이 꽃피는 곳에서는 무기와 군복이 경시·배척되고 따라서 군인은 우대를 받지 못한다. 더욱이 봉건 제도와 로마 교회에 의해 왜곡되고 속박되었던 인간성을 회복하고 그 바탕 위에 르네상스 문화를 꽃피웠던 당시에는 인간을 죽이고 재물을 파괴하는 것을 직업으로 하는 군인이 경멸당하였던 것은 오히려 당연하다 하겠다.

이런 군인 천시 전통과 사조만이 아니라 일상의 경제 활동 때문에 틈이 없는 사람들에게 일정 기간의 군복무는 생업과 사회 활동에 적지 않은 영향을 가져왔다. 따라서 이탈리아의 군소국가들이 상비군을 갖는다는 것은 경제적으로도 부담이 되었을 뿐 아니라 큰 의미가 있는 것도 아니었다. 이런 이유로 인해 전쟁 청부업자로서의 용병군이 생겨난 것이다. 용병이라는 특수한 군사제도는 15세기 후반의 현상 유지를 열망하는 이탈리아 지배 계층에게 열렬한 환영과 지지를 받았다.

그런데 용병군은 '예술품으로서의 전쟁', 즉 결정적인 승패도 없고 다수의 전사자도 나지 않는 싸움을 하기 일쑤였다. 그것은 부하의 전사나 무기의 손실이야말로 전쟁을 치르는 쌍방간에 자본을 잃는 결과만 초래하기 때문이다. 이러한 용병군의 전시적展示的인 전투와 전쟁 위에서 인위적인 세력 균형을 유지하며 번영의 꿈을 꾸고 있던 것이 이탈리아의 현실이었다. 그러나 이미 이 가운데에 번영에서 쇠망으로 전락하는 이탈리아의 비극이 싹트고 있었는데, 그것은 프랑스 왕 샤를 8세의 이탈리아 침입이요, 이탈리아에 위협과 침략을 가하기 시작한 유럽 정세였다.

15세기 후반 이탈리아를 제외한 유럽 국가들은 근대적인 절대 왕정으로의 강력한 전개를 시도하고 있었다.

프랑스에서는 루이 11세에 이어 샤를 8세가 강력한 통일국가 형성에 성공하였고, 스페인에서는 페르난도와 이사벨의 결혼으로 스페인 왕국이 성립하였으며, 이슬람교도의 최후 거점인 그라나다를 함락시켜 국토 회복을 완성하였다. 영국에서는 헨리 7세가 절대 왕정을 확립하고 중상주의 정책을 개시하였으며, 독일에선 함부르크가의 막시밀리안 1세를 중심으로 통일국가 건설을 추진하고 있었다. 이들 모든 국가의 외부로의 팽창 목표는 풍요하기는 하나 혼란과 분열 상태에 놓여 있던 이탈리아였음은 말할 나위도 없다. 샤를 8세의 침략은 이와 같은 유럽 정세가 가져다 준 야심의 첫번째 발로였다.

당시의 이탈리아의 정치 상황은 어떠하였던가. 1492년, 스페인 사람 로드리고 보르지아가 교황 알렉산데르 6세로 즉위한 이래, 그의 아들인 체자레 보르지아와 함께 자기 권력의 강화와 교황령의 확대를 꾀하고 있었다. 한편 밀라노 공국에서는 스포르차가의 잔 가레아조 공작의 숙부 로도비코 모로가 밀라노뿐만 아니라 이탈리아 전체를 제패하려는 야망을 품고 드디어 밀라노 공작을 독살하고, 밀라노와 패권을 다투던 피렌체와 다투기 위해 베네치아에 접근하였다. 이와 함께 그는 프랑스 왕 샤를 8세가 나폴리 왕국의 상속권이 있음을 주장하는 것을 알고, 이탈리아에 침입시켜 라이벌과 맞서게 하여 이득을 얻으려 하였다. 교황 또한 프랑스 왕의 원조에 의하여 로마냐 지방을 정복하려는 의도를 가지고 있었다.

 1494년, 샤를 8세는 밀라노와 나폴리를 침략하였다. 이 프랑스의 이탈리아 침입은 이탈리아 도시국가에 커다란 영향을 미쳤기 때문에, 교황 알렉산데르 6세는 불안감에 떨면서 로도비코, 베네치아, 신성 로마제국 황제인 막시밀리안 1세, 스페인 왕 페르난도 5세와의 사이에 1495년 대불동맹對佛同盟을 맺었다. 피렌체가 이 동맹에 가담하지 않았던 것은 피사를 다시 수중에 넣기 위해서 프랑스군의 지원을 필요로 하고 있었기 때문이다. 번영했던 이탈리아 국가들이 급속하게 몰락하게 된 원인은 프랑스군의 침입에 있었던 것은 분명하나, 그 침략에 저항하지 못한 이유는 용병제도 때문이었다. 즉 이탈리아의 비극의 모태는 용병제도 그 자체 속에 있었던 것이다. 이 사실은 드디어 마키아벨리에 의해 정확하게 이해·파악되어 국민군의 창설을 구상·건의하기에 이른다. 군주 국가군에 의해 이탈리아 통일 운동이 활발해지기 시작한 것은 유럽 열강들의 잇따른 침략에 의하여 국내의 세력 균형이 깨어졌을 때였다.

 마키아벨리의 주의와 관심이 이러한 통일 운동으로 쏠리는 것과 함께 피렌체의 관료로서의 그는 공화정치를 동경하고 있으면서도 이탈리아 통일을 위한 공화국의 부적격성을 차츰 알게 되었다.

 이탈리아 통일 운동에 가장 큰 반대 세력인 피렌체는 1293년에 제정된 '정의의 법령' 이후부터 귀족이 집권하는 것을 금지하고 대상인의 7대 조합과 이것에 종속하는 14개의 소조합[5]에서 선출된 의원으로 정부를 구성했다. 그러나 이와 같은 공화정치는 형식적이고 명목적인 것에 불과했고 실질적으로는 대상인의 과두정치가 실시되었으며, 15세기 초에는 메디치 가家가 피렌체의 독재자가 된 것이다.

코지모(1389~1464) 및 대大로렌초(1449~1492)의 2대에 걸쳐서 메디치 가는 황금시대를 이루었다. 그러나 대大로렌초가 죽고 나서 피렌체는 혼란과 쇠퇴의 길로 접어들게 되었다. 프랑스 왕 샤를 8세의 침입과 이 기회를 포착하여 감행된 메디치 독재에 대한 봉기가 일어났다. 피에로 메디치의 망명과 도미니크파의 수도사인 사보나롤라의 지배 하에 공화정共和政이 성립하였다. 베네치아 의회의 이념과 제도를 도입한 대의회가 발족하고 대의사당6)이 건립되었다.

그리고 의원 자격자의 범위가 확대되어 '조부·부 2대에 걸쳐 피렌체의 고급 행정 위원의 유자격자였던 29세 이상의 남자'로 규정함으로써 약 3000명이 의원으로 등장하였다. 당시에 피렌체의 인구는 7, 8만 명 정도로 추정되지만 이 가운데에는 부인과 아이들이 포함되어 있었으므로, 이로 미루어보면 피렌체의 성인 남자 4명 내지 8명에 한 사람 꼴로 유자격자가 된다. 이로써 메디치 독재 하에서의 과두정치로부터 귀족과 중산층이 지배하는 정체로 이행하게 된 것이다. 이후 18년간 이 귀족과 중산층의 암투가 계속되었다. 샤를 8세의 침입이라는 외우外憂가 있었지만, 눈앞의 이해관계로 인한 내환內患은 끊일 사이 없이 계속되었다.

마키아벨리는 이러한 시대적·정치적 상황이 낳은 정치가요, 외교가요, 사상가의 한 사람이었다.

---

5) 직물업자·금융업자는 대상인이며, '소조합'은 중소 상공업자를 가리킨다.
6) 1512년, 메디치 가가 복귀하자 가장 먼저 이 의사당을 허물어버렸다.

3. 마키아벨리의 저작

마키아벨리의 저작 가운데서 대표적인 것은 《군주론》과 《정략론》이다. 그런데 그의 저서들은 마키아벨리의 개인적인 비극의 산물이라 하겠다. 그 이유는 그가 피렌체의 정변으로 말미암아 타의에 의해 정치적·공적 활동에서 쫓겨난 후, 실의와 은둔·칩거 생활 속에서 모든 정열을 쏟아 저작 활동을 했기 때문이다. 그렇기에 정계에서의 추방이 없었더라면 마키아벨리의 저작 활동은 실현되기 어려웠을 것이고, 따라서 그의 저작들도 세상에 나오지 못했으리라고 생각할 때, 마키아벨리의 개인적 불행은 오히려 우리에겐 다행스런 일이 되었다는 역설이 성립될 것 같다. 여기에서는 그의 대표작뿐만 아니라 여러 작품들을 살펴보기로 하겠다.

《군주론》은 1513년 7월에서 12월에 걸쳐 완성된 작품으로 근대 정치학의 발전에 커다란 기여를 했다.
　이 작품은 《정략론》 집필 도중에 갑자기 구상을 바꾸어 집필·탈고한 것이라고 한다. 마키아벨리의 사상을 꿰뚫는 일관된 모티브는 이탈리아의 정치적 혼란과 분열, 사회적 부패와 타락을 극복하고 국민적 질서와 국가적 통일을 성취하는 것이었다. 그러므로 이탈리아에 대한 뜨거운 애정, 불타는 애국심이 작품 행간마다 면면히 흐르고 있다 하겠다.
　유럽 열강의 위협과 침략 앞에 굴종과 멸시를 강요당하던 이탈리아가 수많은 군소 국가로 분열된 채 서로 대립·항쟁하고, 외세와 결탁·제휴하여 동족 간에 싸움을 벌이고 있던 현실 앞에서 마키아벨리가 꿈꾸고 기대한 것은 강력한 통일 이탈리아의 실현이었음은 당연한 일이다. 이 위업을 성취할 유능한 군주의 출현을 바라면서 아울러 그의 활동을 위한 계책과 방안을 제시하고 건의하는 것이야말로 자기에게 부과된 의무라 믿고 《정략론》의 집필 도중 《군주론》을 쓰게 된 것이다. 그는 이탈리아 통일의 실현과 위대한 군주의 출현을 소망하면서 《군주론》을 썼지만, 여기에는 동시에 자신의 재등용의 간절한 기원이 담겨 있는 것도 사실이다.

《군주론》은 당초 대로렌초의 아들로서 피렌체의 지배자였던 줄리아노 데 메디치에게 바칠 예정이었다. 마키아벨리는 당시 막 교황이 된 레오 10세가 동생인 줄리아노를 위해 에밀리아 지방에 새로운 국가를 세우려고 계획하고 있는 것을 알고 줄리아노에게 기대를 걸었다. 아마 이때 마키아벨리는 교황 알렉산데르 6세의 지원 하에 로마냐 정복을 시작하였던 체자레 보르지아를 상기하고 있었을지도 모른다.

그런데 줄리아노는 1516년 37세로 요절했기 때문에 마키아벨리의 계획은 실현되지 못했다. 줄리아노 대신에 마키아벨리가 《군주론》을 바치려고 한 이는 줄리아노의 조카 우르비노 공 로렌초였다. 그러나 이것 역시 실현되지 못하고 말았다.

《군주론》의 내용에 대해서 마키아벨리는 그의 벗인 로마 교황청 주재 대사인 프란체스코 비텔리에게 1513년 12월 10일자로 보낸 편지에서 국가의 성격과 종류, 영토의 획득 및 유지 수단, 영토 상실의 이유를 논한 것이라고 쓰고 있다. 이러한 논지와 저술 태도에 있어 마키아벨리는 독창적이었다. 그는 새로운 군주가 어떻게 하면 강력한 국가를 만들 수 있는가를 논하고, 그리고 이탈리아의 불행하고도 비참한 정치 정세를 호소하여 새로운 군주에 의한 이탈리아의 통일 계획과 위업이 하루빨리 성취되기를 열망하였다.

《군주론》은 마키아벨리가 살아 있을 때 출판되지 못했고, 이것이 간행된 것은 마키아벨리가 죽은 뒤인 1532년이다. 그의 사망 후 5년 만에 햇빛을 보게 되었으나, 그때까진 다만 사본寫本으로 아는 사람들 사이에 회람되는 데 그쳤었다.

《정략론》은 1513년경에 착수하여 1517년에 완성된 작품으로 원제는 《티투스 리비우스의 초편初篇 10장에 기초한 논고(Discourses on the First Decade of Livy 또는 Discorsi sopra a prima decade di Tito Livio)》이며, 유럽에서는 《디스코르시(Discorsi)》라 불리고 있다.

마키아벨리는 리비우스의 《로마사史》 중 최초의 10권을 로마 공화제 시대의 사건과 스스로의 정치 경륜을 바탕으로 모두 3권에 걸쳐 서술했는데, 일부 국가에서는 이를 '로마사론' 혹은 '리비우스론'이라 번역하고 있으나, 여기서는 그 의미를 따서 '정략론'으로 하였다.

《정략론》은 마키아벨리가 공화주의적 견해를 피력하고 있는데, 이 점에서 《군주론》과는 대조적이라 하겠다. 국가를 유지하고 발전시키는 데 가장 효과적인 정체政體는 무엇인가라는 것이 중심 테마로 되어 있는 《정략론》에서, 그는 이 문제를 논함에 있어 먼저 정체를 군주제·귀족제·민중제의 유형으로 구분하고, 이것이 타락하면 참주제僭主制, 과두제寡頭制, 중우제衆愚制가 된다고 주장했다.

어떤 정체가 가장 효과적이며 안정되고 좋은 정치 형태인가? 타락된 것으로서의 뒤의 세 정체는 말할 필요도 없이 앞의 세 정체도 세월이 흐르고 또 잘못하면 뒤의 타락된 정체로 변질될 가능성이 높다. 따라서 앞의 세 정체가 갖는 성격의 모든 것을 내포한 정체가 가장 안정되고 견실하며 좋은 정체가 될 수 있는데, 이에 근사한 것으로 로마 공화정을 꼽을 수 있다. 그는 일종의 혼합 정체로서의 공화정을 이상적인 정체로 생각하고 있으나, 공화정의 모든 것을 찬미하는 것은 아니고 오히려 무엇이 실제로 유효한 정체인가라는 문제의식으로 일관하고 있다. 그러므로 곳에 따라서는 《군주론》과 같은 강력한 군주의 출현을 기대하고 있기도 하다. 특히 제1권 국가의 제도, 제2권 영토의 확장, 제3권 국가의 흥망에 대하여 논한 《정략론》은 《군주론》과 상호 보완하는 관계에 있다.

이와 같이 현실에 적용된 그의 이론과 주장은 《정략론》의 '드리는 말'에도 나타나 있듯이, 메디치 가의 복귀 후 혼미와 방황을 거듭하고 있던 피렌체의 정치·경제 속에서 무엇이 최선의 방책이고 정책인가를 모색하고 있던 지식인들의 요구를 배경으로 성립된 것이다.

《피렌체사史》는 마키아벨리의 최후의 작품으로 8권의 대작인데, 교황 레오 10세의 종제從弟로서 우르비노 공작의 사망으로 피렌체의 정권을 잡은 줄리아노 데 메디치의 의뢰에 의하여 씌어진 것이다.

로마제국의 쇠망에서 1492년 로렌초의 사망에 이르기까지의 피렌체와 이탈리아의 역사인데, 제1권은 개설槪說로서 로마제국의 쇠망에서 시작하여 이탈리아의 중세사까지 주요한 주권자의 성쇠盛衰를 기술하였고, 제2권부터 제4권까지는 피렌체의 기원·발달과 메디치 가가 정권을 잡기까지를, 제5권에서부터 제8권까지는 로렌초가 사망할 때까지의 피렌체와 이탈리아의 역사를 서술했는데, 특히 이탈리아의 국가로서의 결점을 잘 설명해주고 있다. 이 책은 종래의 연대기와 달리 사실史實에 입각하고 논리적으로 귀납歸納하여 이른바 과학적 역사의 토대가 되었으며 근대 역사의 모범이라 불리고 있다.

《전술론(The Art of War)》은 1520년 가을에 원고가 완성되어 1521년에 출판되었는데, 모두 7권으로 구성되어 있다. 전쟁과 군대 생활에 관한 많은 일반적인 사상과 군대의 전술을 과학적으로 논한 작품으로, 당시의 인문주의자들 사이에 인기 있던 대화 형식으로 서술되어 있다.

《10년기紀》는 1494년 이후의 피렌체 역사이나, 한편으로는 이탈리아의 피폐의 원인을 규명하고 자국 군대의 필요성을 역설하면서 그 모범을 고대 로마와 체자레 보르지아에게서 찾으려고 했는데, 종신 통령 소데리니는 이 헌책獻冊을 받아들여 자국 군대의 조직·편성에 착수하였다.

이외에도 마키아벨리는 많은 저서와 글을 남겼다.
1511년 이후 교황 율리우스 2세와 프랑스의 루이 12세의 대립 사이에서 고민·방황하고 있던 피렌체의 사절로서 활약하던 마키아벨리가 바쁜 가운데서도 《독일 사정事情》과 《프랑스 사정》을 썼으며, 이들 작품에서 독일의 도시자치제와 프랑스의 중앙집권제와의 다른 점과 두 나라의 번영을 분석하고 프랑스의 국세민정國勢民情을 파악하여 소개했다.

마키아벨리는 이와 같은 정치적·역사적인 저서뿐만 아니라 문학작품·희곡 등도 썼다. 피렌체인의 기지를 만끽하게 하는 《황금 당나귀》(1517), 《만드라골라(Mandragola)》 등을 발표했는데, 특히 《만드라골라》는 유부녀의 간통 이야기로 당시 피렌체의 사회상과 풍속을 날카롭게 파헤친 걸작이며, 1520년 상연되어 큰 인기를 얻었다.

그리고 1514년에는 《언어에 대한 대화(Dialogue on language)》

를 썼는데, 이미 사어死語가 된 라틴어에 의한 표현을 피하고 특히 속어, 즉 일상적으로 쓰이고 있던 피렌체의 언어를 정선精選하여 사용하였다.

마키아벨리는 루카 시에 사절로 파견된 적이 있었는데, 그때 그곳의 사정을 조사하던 중 루카 시의 용병대장인 카스트루치오 카스트라카니에 흥미를 갖게 되어 〈카스트루치오전傳〉을 썼다. 이에 앞서 1519년 6월 11일 줄리아노 데 메디치가 피렌체의 명사名士들을 모아놓고 시정상施政上의 의견을 물었을 때, 마키아벨리는 〈피렌체 정부의 개혁을 논함〉이라는 글을 바쳤다.

《군주론》 등에 나타난 마키아벨리의 정치 이론과 사상을 올바르게 이해하기 위해서는 앞에서 언급한 바 있듯이, 그가 살고 활약한 당시의 시대적·정치적 상황을 정확하게 인식·파악해야 함은 물론이며, 나아가 마키아벨리에 관한 많은 전기傳記와 평론 등을 읽는 것이 필요하다. 이렇게 함으로써만이 그의 이론과 사상에 대한 정확한 분석·평가·비평이 이루어질 수 있을 것이다.

4. 마키아벨리의 이론 및 사상에 대한 평가

역사상 마키아벨리만큼 오해 내지 곡해되고, 그의 저서와 사상만큼 다양하고 상반되게 평가·비판되고 있는 예도 드물 것이다.

마키아벨리에 대해서 많은 사람들은 악마의 대변자 같은 이미지를 가지고 있으며, 마키아벨리즘이라면 목적을 위해서는 수단 방법을 가리지 않는 권모술수의 사상으로 이해하고 있는 것이 사실이다. 그러나 마키아벨리 내지 마키아벨리즘이 이와 같은 오해 내지 악평을 받는 것도 전혀 근거 없는 바는 아니다. 마키아벨리는 그의 저서에서 이런 주장들을 하고 있다.

"왕국을 세운다든가 혹은 공화국을 만드는 데 어떠한 비상수단을 사용하든 도리를 아는 사람이라면 왈가왈부해서는 안 된다. 비록 그 행위가 비난을 받더라도 이루어놓은 결과만 좋으면 그것으로써 충분한 것이다"(《정략론》 제1권 제9장).

"그러한 악덕 없이 그의 권력을 유지하기 어려울 때는 그런 악덕의 오명을 쓰는 것을 결코 주저하지 말아야 한다"(《군주론》 제15장).

"군주가 그의 군대와 함께 있고 많은 병사를 지휘하는 경우에는 잔혹하다는 비난에 마음을 써서는 안 된다. 왜냐하면 군주에 대한 그러한 평판 없이는 군대의 결속을 유지할 수 없고 군대를 통제할 수도 없기 때문이다"(《군주론》 제17장).

그리고 군주가 '여우의 간사한 지혜와 사자의 용맹'을 갖출 것을 주장한 《군주론》 제18장에서는 "나라를 보전하기 위해서는 신의와 자비와 인정과 신앙심에 반대되는 행동을 종종 강요당한다는 것을 이해하지 않으면 안 된다"고 했다.

이외에도 비정하고 잔인한 말들이 그의 저서 속에 많이 등장하는데, 이런 냉혹하고도 충격적인 어휘를 전체적인 문맥에서 떼어놓고 본다면 마키아벨리즘이야말로 마치 사탄의 주문呪文처럼 느껴질 것이다.

그러나 마키아벨리의 저서를 잘 읽어보면 우리가 흔히 말하고 있는 왜곡된 마키아벨리즘과는 전혀 다른 측면을 발견하게 된다. 사람에 따라 다르겠지만, 마키아벨리에게서 애국자의 모습과 냉철한 정치과학자의 면모와 또 열렬한 공화주의자의 체취를 찾아낼 수 있다.

마키아벨리즘에 대한 평가는 그의 사후 몇 백 년에 이르는 동안 부정과 긍정 사이의 진자振子 운동이 수없이 되풀이된 것이 사실이다.

대체로 위대한 인물이나 사상가에 대한 평가나 비판은 다양하기 그지없고 시대에 따라 다르지만, 마키아벨리즘에 있어서는 특히 그러하다. 따라서 마키아벨리의 참다운 모습은 오늘날에도 여전히 두꺼운 베일에 싸여 있다고 할 수 있다. 오늘날 우리가 일반적으로 말하며 알고 있는 마키아벨리는 각 시대와 각 나라의 연구자가 그려낸 마키아벨리에 불과하다. 이탈리아의 철학자 크로체가 말한 '마키아벨리의 수수께끼'는 앞으로도 쉽게 풀 수 없을지도 모르는 실정이다. 마키아벨리와 그의 정치사상에 대한 평가가 구구한 근본적인 원인은 마키아벨리 자신에게 있다.

1532년 마키아벨리의 《군주론》이 로마에서 발간되자, 1536년 추기경 레디나르 포올은 그의 저서 《황제 카를 5세 변론》 중에서 《군주론》을 '악마의 소산'이라 규정했고, 영국의 헨리 8세는 이 책의 독자들에게 경고를 발하였다. 그리고 1559년, 로마 교황청은 금서 목록을 발표하고 마키아벨리의 모든 저서를 이 목록 속에 집어넣었다. 또 교황청의 외교관 포세비노도 《군주론》을 비판·탄핵하였으나, 사실 그는 이것을 읽은 일조차 없는 듯하다. 왜냐하면 단편인 《군주론》을 수 권의 대저작인 양 말하고 있기 때문이다. 카톨릭만이 아니라 프로테스탄트 쪽에서도 마키아벨리를 비난하였는데, 그들은 프랑스의 신교도 위그노(Huguenot)였다. 16세기에 있어서 마키아벨리의 비판·탄핵 중 가장 유명한 것은 잔체의 《반反마키아벨리론》(1516)이다. 당시 프랑스에선 신구교新舊教 두 파가 다투고 있었으나, 1572년 앙리 2세의 왕비에 의해 수천 명의 위그노가 학살된 사건, 즉 유명한 성 바르톨로뮤(Bartholomew) 학살이 일어났다. 이 왕비는 마키아벨리가 《군주론》을 바친 우르비노 공의 로렌초 데 메디치 가의 딸 카트린 드 메디시스였다. 잔체는 그녀를 이탈리아의 부패를 프랑스에 끌어들인 원흉으로 비난하고 그 교과서로서의 마키아벨리의 저작에 반론·반박을 가한 것이다.

1573년에 《군주론》의 삭제판이 허가되었으나 금서라는 사실도 부질없이 저주와 악의에 찬 욕설을 낳고 망령을 만들어내는 결과를 초래했다. 그러나 금서령이 있은 다음해에 《군주론》의 라틴어 번역이 바젤에서 나온 것은 아이러니컬하다.

여하튼 17세기는 스페인의 예수회 회원인 교황 옹호론자들이 마키아벨리에 대한 비난·탄핵과 그 저서의 분서(焚書) 운동 등의 중심이었으나, 반면에 18세기는 계몽주의자에 의한 마키아벨리의 보급 시대였다. 마키아벨리의 저서는 여러 나라 언어로 번역되고 각 계층의 사람들에게 친숙해지게 되었다. 그리하여 그 계몽주의의 이름 밑에 국왕들이 마키아벨리에 대한 반론을 시도하는 경향도 나타났다. 그 중에서도 가장 유명한 것은 프러시아의 프리드리히 대왕(Friedrich Ⅱ, der Grosse, 1712~1786)이었다. 1739년, 국왕이 되기 이전이었으나(즉위는 1740), 그는 《군주론》에 대한 반론을 쓰고 볼테르(Voltaire, 1694~1778)의 손길을 거쳐 1740년 《마키아벨리즘 비판(L'Anti Machiavel, ou Examen du Prince de Machiavel)》을 헤이그에서 출판했다. 그 속에서 그는 다음과 같이 쓰고 있다.

"나는 인간성을 파괴하려는 이 괴물에 대해 인간성을 지키기 위하여 일어서는 바이다. 나는 감히 궤변과 죄악에 대하여 이성과 정의를 갖고 맞서는 것이다. 나는 마키아벨리의 《군주론》에 대해 장마다 반론을 가해 두었다. 해독제는 즉각적으로 발견될 것이다."

그리고 그는 《군주론》을 정치가에게 악덕을 가르치는 책이라고 공격하고, 군주는 정치 도의를 중히 여기는 길을 택해야 한다고 주장하였다.

프리드리히 대왕의 이 역선전을 통해, 마키아벨리는 "군주가 통치 목적을 달성하기 위해서는 어떤 수단을 써도 상관없다고 주장하는 것이다"라는 사상이 일반화되었다. 여기에 근세의 절대 군주와 독재자나 또는 정치가의 모든 술책이 마키아벨리즘의 이름으로 불려지게 되었다. 그런데 독약으로서 마키아벨리즘을 비난·규탄한 프리드리히 대왕은 볼테르나 바흐 등 학자·문인·음악가들을 그의 이궁離宮 산수시(Sanssouci)에 초대한 것 등은 유명하나, 그 자신도 독재 군주·계몽 전제 군주로서 소위 마키아벨리즘의 전형과 같은 정책을 썼다는 사실이다. 그는 특히 강권적으로 영토 확장 정책을 썼고, 러시아의 여제女帝 에카테리나 2세와 제1차 폴란드 분할을 행하는 등 철저한 현실 정치, 국가 이익 추구의 원칙에 입각한 대외 정책을 펴나갔다. 뿐만 아니라 음란·흉악하기까지 한 러시아의 에카테리나 2세가 도덕주의에 바탕해서 마키아벨리를 비난한 것은 아이러니컬한 일이 아닐 수 없다.

그런데 프리드리히 대왕은 만년에 "'야심만만한 열강 사이에 있어서는 몰리적沒利的 태도를 취하는 나라는 결국 멸망하는 길밖에 없다'라고 마키아벨리는 말했으나, 유감스럽게도 나는 이 말의 정당함을 인정하지 않을 수 없다"라고 고백하여 마키아벨리적 사고(개인적 윤리를 넘어선 정치권력의 다이내미즘)를 승인한 바 있다.

이렇듯 《군주론》이 발간된 후 250여 년 동안 《군주론》에 대한 평가는 악마의 책이라는 비난·고발의 연속이었다. 그러다가 몽테스키외와 루소 등에 의해 비로소 《군주론》의 독창적인 사상이 인정·발전되기에 이르렀다.

루소는 《사회계약론(Du contrat social, ou du principe du droit politique)》(1762)에서 "마키아벨리는 군주에게 가르침을 주는 듯이

꾸미면서 인민에게 위대한 교훈을 주었다. 그의 《군주론》은 공화주의자의 교과서다"라고 말했다.

그 후 프랑스 혁명의 폭풍이 지나간 유럽에서는 새로운 사상적 풍토에서 마키아벨리에 대한 평가가 새로운 관점에서 이루어졌다. 즉 새로운 주의와 사상이 19세기 유럽을 휩쓴 가운데 마키아벨리 평가에 대하여 영향력이 컸던 것은 내셔널리즘이었다. 예를 들면 독일의 역사 철학자 헤르더(Herder. J. G., 1744~1803)는 그의 《인간사론人間史論》에서 "마키아벨리의 저작 동기는 이탈리아의 국가적 독립에 대한 바람 바로 그것이었다"라고 주장했다. 또 근대 역사가의 아버지라고 불리는 랑케(Leopold von Ranke, 1795~1866)도 그가 청년 시절에 발표한 《마키아벨리》(1824)에서 같은 주장을 하고 있다.

프랑스 혁명과 나폴레옹 전쟁 등 오랜 세월 외세의 침략과 간섭에 시달려온 19세기의 이탈리아에도 민족주의의 회오리바람이 일기 시작했다. 마치니(Giuseppe Mazzini, 1805~1872)의 지도하에 이탈리아의 청년들이 조국 통일을 외치고 궐기했을 때 악마의 사도처럼 생각되어왔던 마키아벨리는 열렬한 애국자, 이탈리아 통일의 선각자로 받아들여졌다. 《군주론》에 나타난 이 민족주의의 경향 때문에 한스 콘(Hans Khon)은 그의 《내셔널리즘(Nationalism: Its Meaning and History)》(1955)의 제2부 문헌에 《군주론》 제26장을 수록하고 있다. 외세의 침략과 간섭과 압제의 굴레에서 자유와 해방을 추구하며 악전고투하고 있던 이탈리아가 마키아벨리와 그 시대의 과제를 자기 자신의 시대, 자기 자신의 문제로서 절감하게 된 것은 당연하다. 이탈리아의 통일이 눈앞에 다가왔을 때 이탈리아의 역사가 파스과레 비과리는 그의 저서 《마키아벨리와 그 시대》(1877~1882)에서 다음과 같이 말했다.

"마키아벨리의 과제는 조국 통일과 외국 세력으로부터의 해방 그것이었다. 더욱이 이 과제는 한 사람의 선천적인 군주에 의해서만 성취되어질 사업인 것이다. 또 이것은 역사와 경험에 의해 가르침을 받는 방법에 의해서만 달성되는 것이다."

이와 같은 19세기 이탈리아에서의 마키아벨리에 대한 평가와 예찬은 문예평론가 데산쿠디스에 의해 절정에 달했는데, 그는 "마키아벨리야말로 이탈리아의 자랑"이라 극찬한 것이다.

19세기를 거쳐 20세기에 들어와 제1차 세계대전의 참극을 경험한 유럽에서는 마키아벨리에 대한 연구가 성행하게 되었다. 그 이유는 마키아벨리의 연구도 정치상·군사상의 대사건, 특히 사상 미증유의 대규모 전쟁에 의해 자극된 결과라고 하겠다. 1920년대에는 마키아벨리 연구가 큰 진전을 보인 시기였다. 특히, 크로체(Benedetto Croce, 1866~1952)와 마이네케(Friedrich Meinecke, 1862~1954) 등에 의해 더욱 활기를 띠었다.

1926년, 크로체는 그의 저서 《정치학 원론》에서 19세기의 이탈리아인의 의식을 계승하여 마키아벨리의 정치 감각이 결코 비도덕적인 것은 아니라고 주장했다. 정치란 개인의 도덕 및 사회의 윤리에서 독립된 존재이고 또한 이 자율성이야말로 국가 본래의 기능이다. 정치를 도덕을 비롯한 기타 모든 영역에서 독립시킨 것이 마키아벨리의 입장이요, 공헌이라고 크로체는 역설했다.

크로체보다 1년 앞서 마이네케는 〈근대사에 있어서의 국가 이성의 이념〉을 발표하였다.

제1차 세계대전은 유럽 세계가 정신적인 지주로 삼았던 종교도, 그리고 그에 기초한 선린사상善隣思想도 국가 목적의 추구를 위해서는 한 조각 휴지에 불과하다는 것을 증명하고야 말았다. 국가가 모든 것을 초월하여 자기 목적을 추구하는 태도를 마이네케는 '국가 이성'이라는 말로 표현했다. 그는 동시에 마키아벨리를 이와 같은 근대적인 국가 개념의 초석을 세운 인물로 파악하였다. 여기에서 '마키아벨리즘'이라고 하는 마키아벨리와는 관계가 없는 정치학상의 개념이 확립되었던 것이다.

현재 마키아벨리가 정치학상 중요한 과제가 되고 있는 것은 크로체와 마이네케를 출발점으로 하고 있다 하겠다.

뒤를 이어서 이탈리아의 정치사상가 프란체스코 엘고레는 그가 목격한 무솔리니의 파시즘 국가가 국가 목적을 위해 냉정하게 계산된 이해(利害)만을 추구하고 있는 것을 지적하였다. 나치하의 한스 프라이어의 《정치의 섬》도 이 선에 따라 마키아벨리를 적극적으로 긍정한 것으로서 마키아벨리가 직관적으로 체득하면서도 충분하게 전개하지 못했던 국가 개념을 체계화하였다는 점에 이들 가치를 인정할 수가 있다.

1930년대에서 1940년 전반에 걸쳐서 파시즘이 전세계를 뒤흔들게 되자 사람들은 나치나 파시스트 속에서 마키아벨리의 흉악한 모습을 보고 이것을 규탄하였다. 여기에 다시 현대에 들어서자 마키아벨리에 대한 탄핵·고발이 일어났고, 그는 또다시 악의 모습으로 전락하기에 이르렀다. 물론 현대의 고발자는 1920년대의 크로체니 마이네케 등의 연구 성과를 거쳤기 때문에 낡은 유형의 정치 도의와 개인 도덕을 혼동하고 있는 것은 아니다. 그들은 국내외를 막론하고 국가를 운영하고 있는 경우 긴 안목으로 보면 마키아벨리가 말하는 것 이상으로 보다 높은 차원의 정치 도의에 의하지 않으면 안 된다고 주장하였다. 이와 같은 이상주의의 입장은 영국의 역사가 구치에 의해 계승·발전되었다. 그는 정치 사회에 있어서의 도의적 기초를 강조하여 마키아벨리는 인간의 평가에 있어 근본적인 과오를 범하고 있다고 지적하였다.

"마키아벨리에게는 많은 우수한 후계자가 있다. 그런데 마키아벨리가 인간에 대하여 공정함을 결하고 있다고 생각지 않을 수 없다. 스스로 현실주의자임을 자처하는 이 사상가도 '체험'이라는 거대한 영역의 한정된 일부분밖에는 눈을 돌리지 않고 있다. 권력에의 의지는 인간의 본성을 푸는 유일한 열쇠는 아닌 것이다."

즉 마키아벨리는 인간을 움직이는 보다 고매한 충동의 존재를 부정하고 있다. 따라서 그의 정치 감각을 현실성이 없는 좁은 기초 위에 선 것이라 말하는 것이다.

마키아벨리 비판은 당시의 국제 정세에 자극되어 진척되었다. 마키아벨리가 말한 것처럼 정치의 궁극적 목적은 국가 이성의 우월이라는 것은 아니다. 오히려 그 목적은 그 나라 개개인의 행복의 추구다. 따라서 정치는 윤리·도덕에서 독립하여 존재하는 것은 아니다. 이것이 제2차 세계대전 전후에 걸쳐 파시즘을 비롯한 모든 전체주의와 대결해야 했던 영국·미국을 비롯한 여러 나라의 마키아벨리 연구의 일반적 경향이었다.

미국의 레오 스트라우스의 《마키아벨리의 사상》(1957)에서 마키아벨리를 '악의 교사'라고 했던 전통적인 입장과 견해를 특별히 다루고 있는 것도 이런 까닭이 있기 때문이다.

마키아벨리즘이 그 정체를 남김없이 드러내는 것은 국제 정치 분야에서다. 국제 정치의 냉혹성은 윤리적인 제약성을 무시한 적나라한 권력 정치적인 행동 양식인 것이다. 이것은 국가의 주권성이 명분상 감행되고 있는 것으로 현대의 정치 철학과 정치 기술로써도 그 장벽을 무너뜨리지 못하고 있는 실정이다. 뿐만 아니라 오늘날에는 발전된 전술·핵공포·정보 통신 기관·대중 조작술은 국가 권력의 위력을 최고도로 발휘하게 하는데, 여기서 마키아벨리즘이 그대로 긍정 적용된다면 더없는 불행을 초래하게 된다.

그것은 한편으로는 소수의 독재자들이 국민의 자유와 권리를 억압하게 되고 또 한편으로는 몇몇 초강대국들이 약소국가를 간섭·지배·침략하게 되고 만다는 의미다.

마키아벨리가 《군주론》을 쓸 당시의 정치는 소군주와 소국가 간의 분쟁이었고, 전쟁도 소규모적인 용병군의 충돌이었으나 오늘날의 국제 정치는 재래식 무기만이 아니라 핵무기까지도 동원되는 대량 살육전으로 확대될 가능성이 있는 분쟁이기 때문이다.

정치 현실을 윤리적·도덕적인 입장에서만 이해·파악하려는 것이 비현실적인 것은 사실이나, 정치가 이상과 도의와 정의를 무시·유린해서는 안 되는 것도 또한 엄연한 사실이다. 정치적 행동과 실천의 모티브로서 이기적·권력 의지적 성향과 측면을 경시할 수는 없지만, 정치권력이 도의적 권위를 무시하며 윤리적·양심적 제약을 받지 않을 때 여기엔 무서운 횡포와 침략의 민족적·인류적인 비극이 따르게 된다. 정치에 있어서 이상과 사명의 부단한 추구가 있기 때문에 권력이 필요악으로서 용인되는 것이다.

오늘날 국내 정치에서는 권력자의 방자함과 독재를 저지·견제하고, 국제 정치에서 강대국들의 노골적인 '국가 이성'의 추구와 힘의 지배를 규제·방지할 수 있는 유효한 제도적 장치는 민주주의와 국제연합(UN)을 비롯한 국제기구라 하겠다. 이런 세노석 상치를 강화·발전시키는 일이 훌륭한 정치, 자유와 평화와 인간을 위한 참된 정치를 가능하게 하는 한 방책으로 사용될 수 있을 것이다.

□ 작품 해설 Ⅱ

마키아벨리의 생애와 군주론

김 경 희
(서울대 한국정치연구소 선임연구원)

1. 생애와 사상

(1) 생애[1)

니콜로 마키아벨리(Niccolò Machiavelli)의 생애는 그의 정치적 역정을 기준으로 크게 3부분으로 나눌 수 있다. 첫째는 태어나서 관직에 오르기까지의 시기이며(1469~1498), 둘째는 이탈리아 피렌체 공화국의 공직에 복무했던 시기이고(1498~1512), 그리고 마지막 세번째는 공직에서 쫓겨나고 나서 집필활동을 하면서 다시 공직과 명예를 얻으려 하다가 결국 성공하지 못하고 임종을 맞기까지의 시기이다(1513~1527).

니콜로 마키아벨리는 법률가인 아버지 베르나르도(Bernardo)와 어머니 바르톨로메아 데 넬리(Bartolomea de' Nelli) 사이에서 1469년 5월 3일 피렌체에서 태어났다. 위로 두 누나, 프리마베라(Primavera)와 마르게리타(Margherita)가 있었으며, 아래로는 남동생 토토(Totto)를 두고 있었다. 1954년 발견된 베르나르도의 일기

---

1) 마키아벨리의 생애에 대한 부분은 김영국 저, 《마키아벨리와 군주론》(1995, 서울대학교 출판부, 퀜틴 스키너 외 지음, 강정인 편역), 《마키아벨리의 이해》(1993, 문학과 지성사) 그리고 세계적으로 그 권위를 인정받고 있는 로베르토 리돌피 저, 곽차섭 역, 《마키아벨리 평전: 시인을 닮은 한 정치가의 초상》(2000, 아카넷)을 참조하였다.

를 통해 니콜로가 유년기에 받았던 교육의 일단을 알 수 있다. 니콜로는 7세에 처음으로 아버지에 의해 학교(scuola di grammatica)에 보내져 라틴어를 배우기 시작했고, 11세에는 산수를 배우기 시작하였다. 어려운 경제 상황 속에서 니콜로는 당시 여유가 있고, 가문이 좋은 사람들이 갈 수 있었던 대학에는 다니지 못했던 것 같다. 또한 당시 르네상스 지식인들이면 거의 필수적이었던 라틴 고전과 그리스 고전에 대한 공부 중에서 마키아벨리는 라틴어 공부만 할 수 있었던 것 같다. 그리고 그 라틴어 실력을 가지고 아버지 베르나르도의 서가書架에 있었던 아리스토텔레스(Aristoteles), 키케로(Cicero) 그리고 티투스 리비우스(Titus Livius) 등의 책을 읽을 수 있었다.

넉넉하지 못한 집안환경 속에서도 학구적인 아버지 밑에서 나름대로의 라틴 고전 공부를 하면서 평탄하게 유년기와 청년기를 보낸 마키아벨리이지만, 그가 살았던 피렌체의 정치상황은 그리 평탄하지만은 않았다. 1478년 4월 26일 피렌체에서 메디치가의 지배에 앙심을 품은 파치(Pazzi)가家의 음모사건이 일어난다. 일요일 미사 시간을 노리고 시행된 모반으로 당시 메디치가를 실질적으로 지배하고 있던 로렌초 메디치(Lorenzo Medici)의 동생 줄리아노 데 메디치(Giuliano de' Medici)가 살해되었다. 구사일생으로 살아난 로렌초는 동생의 복수를 철저히 했고, 피렌체에 대한 지배를 좀 더 노골적으로 확고히 할 수 있었다.

파치가의 음모사건이 있었을 때, 음모의 주동자들은 줄리아노 데 메디치와 메디치가의 하수인들을 죽이고, 거리로 뛰쳐나와 '인민(popolo)과 자유(libertà)'를 외쳤었다. 그러나 그들이 믿었던 인민들은 등을 돌렸고, 메디치가의 편에 서 있었다. 이것은 당시 피렌체의 상황을 단적으로 보여주는 사건이었다. 피렌체를 손아귀에 쥔 메디치가는 공화정의 외양은 놔둔 채, 실질적으로는 군주제적인 정치를 펴고 있었다. 시민들의 환심을 사고자 거행된, 화려한 축제를 통한 사치와 오락의 만연은 시민들로 하여금 현실에 대한 비판적인 인식보다는 현실에 안주하며 나태해지도록 만들었고, 그것은 사회전반에 대한 부패를 초래하게 되었다.

이런 상황 속에서 등장한 이가 바로 도미니코회 수사修士인 지롤라모 사보나롤라(Girolamo Savonarola)였다. 사보나롤라는 피렌체의 타락상을 설교와 강론을 통해 비난했고, 종교적인 가치의 회복만이 피렌체의 부패와 그로인한 몰락을 막을 수 있다고 강변하였으며, 그렇지 못할 경우 하느님의 심판이 있을 것이라는 예언 등을 통해 피렌체의 정화를 꾀하고자 하였다. 1492년에 강력한 카리스마와 재능을 가지고 있었던 로렌초 메디치가 죽고, 나약한 그의 아들 피에로 데 메디치(Piero de' Medici)가 그의 뒤를 잇게 되었다. 그러나 피에로는 혼란한 국내외의 문제를 해결할 능력을 가지고 있지 못하였다. 결국 1494년 프랑스 왕 샤를 8세가 이탈리아를 침입하자 메디치 정권은 몰락하게 되었고, 설교와 예언 등을 통해 존경과 권위를 얻게 된 사보나롤라가 권력공백 상태의 피렌체에 권력자로 등장하게 된다. 그러나 교회의 타락과 피렌체의 세속 정치의 타락을 비난했던 사보나롤라는 교황 알렉산더 6세의 압력과 피렌체 시민 일부의 견제로 인해, 1498년 결국은 화형장의 재로 사라지게 된다.

사보나롤라의 화형이 집행되고 나서 5일 후(1498년 5월 28일) 마키아벨리는 공화국 제2서기장으로 선출된다. 당시 피렌체 공화국은 제1서기국과 제2서기국으로 구성되어 있었는데, 전자에서는 대외 관계를 그리고 후자에서는 국내 관계와 전쟁을 관장하고 있었다. 그러나 당시에 업무구분은 명확하지 않은데다, 제2서기장 외에도 전쟁 업무를 맡은 10인 위원회의 사무장이 된 마키아벨리는 주로 외교와 군사업무를 맡게 된다.

외교 업무는 주로 피렌체의 대사를 수행하여 상대편 국가에 파견되어 그 나라의 정치상황과 협상과정 등에 대한 자세한 사항을 보고 하는 것이었다. 프랑스, 독일 그리고 로마 교황청 및 전쟁터로의 파견 등의 임무를 수행하면서 수많은 보고서를 적어 보냈고, 그것은 피렌체 정청政廳에서 돌려 읽혀졌을 정도로 수려한 문체에다 명약관화한 논리력을 갖추고 있었다고 한다. 이러한 외교업무를 통해 여러 출중한 인물들을 만날 수 있었는데, 그 중에 한 명이 바로 체자레 보르지아(Cesare Borgia)이다. 체자레 보르지아는 교황 알렉산데르 6세의 아들로서 교황령의 군대를 지휘하면서 로마냐 지역을 평정하고 피렌체를 위협하였는데, 그로 인해 마키아벨리는 그를 만날 기회를 가지게 되었다. 보르지아는 때로는 여우의 간계를 사용해 자신의 무력 기반을 확고히 다졌고, 때로는 사자와 같은 용맹과 무력을 사용하여 적군을 제압하는 능력을 지니고 있었다. 마키아벨리는 이때의 경험을 나중에 그의 《군주론 Il Principe》 7장에서 상세히 밝히고 있다.

이러한 외교 업무 이외에 마키아벨리의 마음을 사로잡고 있었던 것은 바로 군사업무였다. 특히 용병의 개혁은 마키아벨리의 숙원사업이었다. 당시 이탈리아의 각국들은 용병들을 사용하고 있었는데 이들은 전쟁 사업을 하는 사람들이었다. 다시 말해 계약을 통해 고용국의 전투를 대신 치러주고, 그 대가를 받는 이들이었다. 그러나 이 용병들은 전쟁을 업으로 하기 때문에 전쟁을 끝낼 수 없는 모순에 빠져 있었다. 고용국은 속전속결을 통해 승리를 원했지만, 용병들은 전쟁이 끝나는 순간 그들의 일자리를 잃게 된다. 때문에 그들은 전쟁을 빨리 끝내지 않고 지연술을 펼치거나, 끊임없이 더 많은 보수를 요구하는 등 당시 피렌체의 골치 덩어리였다. 이러한 맥락에서 마키아벨리는 민병대의 징집을 주장한다. 그것을 통해 용병의 폐해를 고치고자 하였다. 그 결과 마키아벨리는 1506년 민병대를 조직한 다음 그들을 데리고 1509년, 예전에 잃었던 피사(Pisa)를 다시 정복하게 된다. 피사 수복 후 피렌체로 개선했을 때가 마키아벨리 생애에서 가장 좋은 시절이었을 것이다.

추방 속에서도 계속해서 복귀를 꾀하고 있었던 메디치가는 스페인군의 도움을 얻어 1512년에 다시 피렌체로 복귀하게 된다. 메디치가는 복귀한 후 이전의 공화정에서 중요한 역할을 하던 인물들을 숙청하는데 그 중의 한 명이 바로 마키아벨리였다. 거기다 1513년 초에 마키아벨리는 반反메디치 모반사건에 연루되었다는 혐의를 받고 투옥되기에 이른다. 그러나 곧 메디치가의 죠반니(Giovanni) 추기경이 교황 레오 10세로 선출되자 대사면을 통해 석방되었고, 피렌체 근교에 있는 페르쿠시나의 산탄드레아(Sant'Andrea in Percussina)의 농장으로 내려가게 된다. 이때부터 마키아벨리의 고독한 집필 생활과 조국을 위해 다시 봉사하고자 하는 노력이 병행되게 된다.

1513년에 집필된 《군주론》이 메디치 지배하의 피렌체에서 다시 공무를 맡고자 했던 마키아벨리의 의도를 보여준 것이라면, 1513년경부터 집필이 시작되어 1519년경에 끝을 맺은 《로마사 논고 Discorsi sopra la prima deca di Tito Livio》는 피렌체의 미래를 짊어진 젊은 귀족들에게 고대 로마의 공화주의적 열정과 정치적 지혜를 알려주고자 저술된 것이었다. 이 두 저서 외에도 마키아벨리는 《전술론 Arte della guerra》을 저술하여(1519~1520) 고대 로마의 군대와 군사기술의 우수성을 설파하였고, 피렌체 정부의 의뢰 하에 저술한(1520~1527) 《피렌체사 Istorie fiorentine》에서는 로렌초 메디치 시기까지의 피렌체의 정치사를 이탈리아사史 및 유럽사의 맥락 속에서 서술하였다.

메디치가의 지배는 1527년 '로마의 약탈'과 메디치가 출신 교황인 클레멘트 7세의 도피로 무너지게 된다. 다시 설립된 공화정에서 마키아벨리는 예전 자신의 자리인 제2서기장직에 도전을 하였으나, 낙마를 하고 그해 6월 21일 운명을 했으며, 다음 날인 22일 산타 크로체(Santa Croce) 교회에 묻히게 된다.

(2) 사상

마키아벨리의 정치사상은 한마디로 말해 '위기 속의 정치사상'이라 할 수 있다. 마키아벨리에게 위기는 축적된 힘이 없을 때 언제든지 닥칠지 모르는 국가 생존의 위험상황이었다. 이것을 극복하기 위해 마키아벨리는 힘의 축적을 그의 정치사상의 핵심요소로 생각하였다.

위기는 국내외의 정치상황 속에서 적나라하게 드러나게 된다. 우선 마키아벨리 당시 피렌체를 둘러싼 유럽의 정세는 알프스 이북의 강대국의 등장과 이탈리아 내 각국 간의 분열과 반목이라고 할 수 있다. '100년 전쟁'을 통해 영국과 프랑스는 무력을 중앙 집중화한 근대국가의 형태를 갖추기 시작하였다. 나아가 합스부르크 가문은 신성로마제국의 황제권을 가지고 독일과 스페인을 지배하게 되었다. 이렇듯 이탈리아 외부의 유럽 국가들은 통합과 집중을 통해 강력한 국가를 이루고 있었다면, 이탈리아는 비슷비슷한 힘을 가진 5개의 국가들에 의해 서로 반목과 다툼을 계속하고 있었다. 그 5개국은 밀라노, 베네치아, 피렌체, 교황령, 그리고 나폴리였다. 이 나라들은 서로 합종연횡을 통해 어느 한 나라가 강해지는 것을 견제하였고, 그것은 결국 강력한 한 나라에 의한 이탈리아의 통일을 방해하는 결과를 가져왔다.

　스스로를 방어할 힘을 가지지 못했던 이탈리아 내 각 나라들의 허약함은 1494년 프랑스 왕 샤를 8세의 침입을 통해 백일하에 드러나게 된다. 샤를 8세는 거의 저항을 받지 않고 단기간에 밀라노 공국에서 나폴리 왕국까지 진군할 수 있었다. 특히 프랑스 군은 진군 동안에 기숙할 집을 고를 때 단지 백묵을 가지고 대문에 표시하는 것으로 족했는데, 이것을 마키아벨리는 후에 그의 《군주론》 12장에서 "프랑스의 샤를 왕은 이탈리아를 백묵 하나로 점령할 수 있었다"라고 표현하였다. 서로에 대한 질시와 견제 그리고 소모적인 투쟁으로 힘을 키울 수 없었던 이탈리아와 그 국가들은 더 강한 군사력과 국력을 가진 나라의 침입에 속수무책이 되었고, 결국 '이탈리아의 노예화'를 가져오게 되었다고 마키아벨리는 생각했던 것이다. 국가를 생존의 갈림길에 서게 하는 위기는 '힘없음', '무력無力함' 등에서 유래하는 것이었고, 그것을 극복하는 유일한 방법은 한 국가 내에 존재하는 자원의 응집을 통해 힘을 축적하는 것이었다.

　이러한 적나라한 힘의 관계 속에서 정치를 파악한 마키아벨리는 힘의 응집이 어떻게 가능한 가에 대해 생각을 하게 되었다. 그런데 한 나라의 국력은 그 나라가 얼마나 많은 물질적 재화를 가지고 있는가에 의해 판단될 수 없다고 보았다. 이탈리아의 각 국가들은 알프스 이북의 국가들보다 훨씬 많은 부富를 축적하고 있었다. 그리고 그들이 가지고 있었던 튼튼한 성벽 같은 것들도 소용이 없었다. 마키아벨리는 재화나 성벽 같은 물질적인 것보다는 그 나라를 구성하는 국민들의 부패 정도가 가장 중요한 요소라고 보았다. 자신의 조국을 지키기 위해 나가 싸울 자세가 되어 있지 않다면 금은보화나 높고 강한 성벽도 소용이 없었고, 이탈리아가 바로 그것을 증명해 주고 있었던 것이다.

조국의 방어를 타인, 즉 용병의 손에 맡겼을 때, 그리고 시민 상호간의 불평등이 심화되어 귀족 등 기득권층이 중산층이나 그 이하의 층보다 월등한 권력을 가지고 전횡을 일삼을 때 그 나라는 부패와 타락이 심각하게 진행된 것으로 파악할 수 있다. 이러한 상황에서는 아주 뛰어난 능력을 가진 사람이 나타나 일반 기층 시민들의 지지를 얻어 불평등과 부패를 제어해야 한다. 그러나 그것은 손쉬운 과정은 아니다. 귀족층이 권력을 독점하고 있기 때문에 섣불리 나섰다가는 역공을 당하기 쉬운 것이다. 힘의 열세를 만회하기 위해서는 여우같은 지략이 필요하다. 그러나 여우같은 지략만으로는 부족하기에 사자 같은 결단력과 힘을 가지고 부패를 제어해야 하는 것이다. 힘의 관계에서 열세에 있을 때 속임수와 폭력의 사용은 정당화된다. 그러나 그것은 단기간에 그리고 매우 드물게 행사되어야 한다. 반복적인 폭력의 사용은 반대편인 귀족뿐만 아니라, 자신의 지지 세력인 기층 시민들의 반감을 사기 때문이다.

때로는 비윤리적인 방법을 사용해서라도 뛰어난 인물이 목표로 삼아야 하는 것은 무엇일까? 그것은 바로 불평등과 부패가 사라지고 질서가 잡힌 국가를 이룩하는 것이다. 그 속에서만 힘의 결집이 이루어 질 수 있기 때문이다. 이렇게 부패가 진행된 상황 속에서 질서의 재건을 위해 비윤리적인 방법이 사용을 인정하고, 기층시민들과의 연대 속에서 권력을 어떻게 집중할 것인가를 고민한 것이 바로 《군주론》의 문제의식이라고 할 수 있다.

그러나 군주국은 기본적으로 권력이 군주 한 사람에게 집중됨으로써 다양한 의견과 식견을 반영할 수 없고, 그것은 다양한 상황에 대처할 수 있는 능력을 떨어뜨린다. 따라서 군주의 역할은 부패와 불평등 관계를 억제하는 것으로 제한되어야 한다. 세습 등을 통한 권력의 상속과 사유화는 한 국가를 다시 타락시키게 되고, 국력의 나약화를 촉진하기 때문이다.

그렇다면 군주국보다 더 강한 국력을 만들어 낼 수 있고, 부패를 제어할 수 있는 나라는 어떤 나라인가? 그것은 바로 고대 로마와 같은 공화정이다. 이러한 공화정에 대한 마키아벨리의 이념은 《로마사 논고》에서 잘 드러난다. 로마 공화정은 개인의 이익보다는 공공선을 우선시 하는 자유로운 정치체제였다. 시민들의 정치 참여의 자유가 보장됨으로써 각기 다른 층의 의견이 정치 영역 속에서 표출되었고, 그것은 견제와 균형을 담보하는 정치체제를 만들어 내었던 것이다. 불평등과 억압보다는 평등과 자유가 담보되는 공동체 속에서 시민들은 조국에 대한 애국심을 가지고 외적에 대항해 용감하게 싸울 수 있었던 것이다. 여기서 힘의 축적이 가능하게 되었다고 마키아벨리는 본다. 서로 다양한 식견을 가진 인재들을 충원함으로써 다양한 문제 상황에 대처할 수 있게 되었고, 자유롭고 정의로운 공동체에서 시민들이 개인의 이익보다는 공익公益에 헌신할 수 있었던 것이다.

마키아벨리는 나라의 존립이 풍전등화의 위기에 처한 상황 속에서 정치를 생각하였다. 그 속에서 힘과 권력에 대한 그의 생각을 발전시켜 나갔다. 현실주의자 마키아벨리는 상황 속에서 가능한 것을 생각하였다. 정치는 춤과도 같아 리듬이라는 상황에 맞추어 움직여야 하는 것이었다. 불평등과 부패가 만연하여 소수의 귀족에게 힘이 집중된 상황에서는 다수의 시민들은 소외되고 억압당하게 되어 그 나라의 힘은 분산되게 마련이다. 이것을 극복하기 위해서는 뛰어난 재능을 가진 이가 나타나 귀족을 제어하고, 자유와 평등이 관철되는 질서 잡힌 나라로 인도해야 한다. 그것을 위해 그는 기층 시민들의 지지 속에 귀족을 제어할 권력 집중을 이루어야 한다. 여우의 계교와 사자의 용맹, 둘 다를 가지고 있어야 한다. 그러나 이러한 권력의 집중은 '국가의 사유화'를 위한 것이 아니라 '나라의 보존', 즉 '공공선'을 위한 것이어야 한다. 그리고 그 권력은 질서 잡힌 나라에서는 분산되어 광범위한 시민층이 짊어져야 한다. 자유와 평등이 관철되는 제도 속에서 다양한 재능을 가진 인재들을 충원함으로써 어느 상황에도 유연하게 대처할 수 있는 강한 나라를 만들어내야 하는 것이다.

2. 《군주론》에 대하여

전체 26장으로 구성된 《군주론》은 크게 네 부분으로 구성되어 있다. 첫번째 부분은 1장에서 11장까지이고, 두번째 부분은 12장에서 14장까지이며, 세번째 부분은 15장에서 23장까지다. 그리고 마지막으로 네번째 부분은 24장에서 26장까지다.

첫번째 부분에서는 상이한 유형의 군주국 즉, 세습군주국, 복합군주국 그리고 신생군주국에 대한 설명과 군주가 되는 방법, 즉 어떻게 해서 군주가 되었는지에 대한 예들을 들고 있다. 두번째 부분에서는 군주의 가장 중요한 권력기반으로서 군대에 관한 문제를 다루면서 용병 비판을 그 핵심에 놓고 있다. 세번째 부분에서는 군주는 어떤 성품을 가져야 하며, 어떻게 행동해야 하는가에 대해 언급하며, 기존의 윤리적 군주상君主像에 대한 전면적 비판을 수행한다. 마지막으로 네번째 부분에서는 이탈리아 문제를 언급한다. 왜 이탈리아의 군주들이 나라와 권력을 잃게 되었는지를 서술한 후 그것을 통해 포르투나(fortuna)와 비르투(virt)의 관계에 대해 숙고하고 나서 이탈리아의 해방과 통일에 대한 염원을 표현한다.

《군주론》의 전체 주제는 어떻게 권력을 획득하고 그것을 유지할 수 있을 것인가에 맞추어져 있다고 할 수 있다. 이러한 관점에서 볼 때 《군주론》이 바라본 정치의 주요 행위자는 인민, 귀족 그리고 군주이다. 군주가 되고자 하는 자는 자신의 힘의 기반으로서 자국군을 가지고, 인민의 지지를 확보하여야 한다. 그리고 이것을 위해서는 지략과 용맹을 겸비한 뛰어난 재능을 지니고 있어야 한다. 한 정치공동체에서 다수를 점하며, 야망이나 오만보다는 자유롭게 사는 것에 만족하는 인민들(《군주론》 9장)은 자국군의 구성원이자 군주의 지지층이어야 한다. 이에 반해 소수이면서 많은 자원을 독점한 채 오만과 지배욕에 휩싸여 있는 귀족들은 군주의 잠재적 경쟁자이자 적인 것이다. 그들은 군주에게는 제어의 대상인 것이다.

이것들은 《군주론》의 주인공이라 할 수 있는 체자레 보르지아의 행적에 대한 설명에서 명백히 드러난다. 마키아벨리의 관심을 집중시킨 보르지아의 행동은 《군주론》 7장에서 자세히 설명된다. 그것은 바로 시니갈리아(Sinigaglia) 사건과 레미로 데 오르코(Remirro de Orco) 사건이다. 시니갈리아 사건은 로마의 강력한 군벌軍閥로서 자신에게 충성을 바치지 않고 있던 오르시니(Orsini)가를 속여서 시니갈리아로 불러들인 다음, 미리 매복시킨 부하들로 하여금 단번에 제거하도록 한 사건이다. 이것을 계기로 보르지아는 자국군을 확충하고 확실한 기반을 닦을 수 있었다. 또한 보르지아가 그의 충복 레미로 데 오르코를 로마냐 지역에 파견한 것은 그 지역이 기존 귀족 세력에 의해 혼란이 가중되고 인민들의 원성이 높았기 때문이었다. 비정하고 잔인한 그의 충복은 단시간에 귀족들의 전횡을 제어하고 질서를 수립할 수 있었다. 그러나 잔인함에 대한 원성이 높아지자 보르지아는 데 오르코를 참수하여 단숨에 혼란 극복과 함께 인민의 신망을 얻게 된다.

이 두 사건에서 보르지아는 전횡을 일삼는 귀족 및 군벌을 제어했고, 그것을 통해 인민의 지지를 획득했으며, 자국군을 강화하였다. 여기서 보르지아가 보여주고, 마키아벨리가 포착한 정치적 지혜는 역관계 속에서 그 상황과 역동성을 정확히 파악하고 그것에 냉정히 대처하는 능력이었다. 위와 같은 상황에서 중요한 것은 선량함 혹은 진정한 윤리적 덕성과 그러한 덕성의 외관을 가지는 것을 구분하는 것이다. 선할 수 없는 상황, 관대할 수 없는 상황 그리고 약속을 지킬 수 없는 상황, 다시 말해 윤리적으로 행동했다가는 실패하고 몰락하는 상황은 바로 공공선이 담보되는 법과 제도가 무너지고 개인의 이익을 위한 만인의 만인에 대한 투쟁이 벌어지는 부패한 상황인 것이다. 이것이 바로 마키아벨리가 《군주론》의 세번째 부분에서 "정직(honestum)은 유용(utile)하다"는, 르네상스를 풍미한 키케로의 전통을 부정하는 배경인 것이다. 인간의 악한 마음이 만개하는 부패한 무질서의 상황에서 정직과 윤리는 지켜질 수 없고, 오히려 의도한 것과는 완전히 다른 결과를 낳을 수 있는 것이다. 악한 의도를 가진 사람들 속에서 선한 의도는 충분치 않은 것이다.

　마키아벨리의 정치이해는 이러한 권력관계에 대한 이해에 기반하고 있다. 인민, 귀족 그리고 군주간의 권력관계 속에서 정치를 생각했고, 전횡을 일삼는 강력한 귀족세력에 대항하기 위해 인민의 지지를 등에 업은 강력한 군주, 때로는 비윤리적인 수단을 사용해 귀족을 제어해야 하는 잔인한 군주를 옹호했던 것이다. 그러나 마키아벨리는 그의 악명 높은 《군주론》에서 군주를 한번도 폭군으로 명명하지 않았다. 개인의 이익만을 추구하는 군주를 그리지는 않았던 것이다.

　그렇다면 공익과 국가의 생존을 위해 적나라한 권력관계 속에서 반인반수半人半獸로 행동해야 하는 군주가 권력의 집중을 통해 이루어야 하는 것은 무엇일까? 《군주론》의 마지막 장인 26장에서 언급되듯이 이탈리아의 통일 그리고 그 힘을 통한 외세로부터의 해방과 자유의 획득이 우선 생각되어질 수 있다. 이것이 당시의 구체적 상황과 연결하여 생각할 수 있는 것이라면 군주제와 관련하여 한 가지 더 이야기할 것이 남아있다.

혼란극복의 힘은 한 사람에게 집중되어야 하지만, 그 집중된 힘은 오래 지속되지 못한다. 인간의 역량은 그 소유자의 수명과 같이 하기 때문이다. 그리고 한 사람의 역량은 한계가 뚜렷하다. 《군주론》 25장에서 마키아벨리는 교황 율리우스 2세의 예를 통해 그것을 명확히 하고 있다. 율리우스 2세에게 성공과 명성을 가져다준 그의 결단력과 과감성은 그가 조금 더 오래 살았더라면 실패를 맛보았을 것이라는 점이다. 과감성이 통하지 않는 상황이 올 수 있기 때문이다. 한 사람이 가진 능력의 한계를 보여주는 것이다. 급변하는 세계 속에서 한 사람의 능력에 크게 의존하는 군주제만 가지고는 부족한 것이다. 《군주론》을 읽고 나서 《로마사 논고》를 다시 집어 들어야 하는 이유가 여기에 있다.

옮긴이 **이상두**

경북대 법정대학·성균관대 대학원 졸업.
대구매일, 영남일보, 민족일보 논설위원, 중앙일보 동서문제연구소 연구위원,
서울 시립대 교수 역임.
저서로 《옥창너머 푸른 하늘이》,
역서로 《이데올로기의 종언》, 《근대 국가에 있어서의 자유》,
《자유에서의 도피》 등이 있음.

군주론

초판 1쇄 발행　1975년 2월 15일
2판 1쇄 발행　1987년 9월 30일
3판 1쇄 발행　1995년 6월 20일
4판 1쇄 발행　2005년 10월 25일

지은이　마키아벨리
옮긴이　이상두
펴낸이　윤형두
펴낸곳　범우사
교정·편집　김영석·장웅진·김지선
등록　1966. 8. 3. 제406-2003-048호
주소　(413-756)경기도 파주시 교하읍 문발리 525-2 출판문화정보산업단지
전화　(031) 955-6900~4
팩스　(031) 955-6905
홈페이지　http://www.bumwoosa.co.kr
이메일　bumwoosa@chol.com
ISBN　89-08-01005-X 04340
　　　　89-08-01000-9 (세트)

* 책값은 뒤표지에 있습니다.
* 파본은 교환해 드립니다.

온고지신(溫故知新)으로 21세기를!

현대사회를 보다 새로운 시각으로 종합진단하여
그 처방을 제시해주는

범우사상신서

1 자유에서의 도피　E. 프롬/이상두
2 젊은이여 오늘을 이야기하자　렛스프레스냪/방곤·최혁순
3 소유냐 존재냐　E. 프롬/최혁순
4 불확실성의 시대　J. 갈브레이드/박현채·전철환
5 마르쿠제의 행복론　L. 마르쿠제/황문수
6 너희도 神처럼 되리라　E. 프롬/최혁순
7 의혹과 행동　E. 프롬/최혁순
8 토인비와의 대화　A. 토인비/최혁순
9 역사란 무엇인가　E. 카/김승일
10 시지프의 신화　A. 카뮈/이정림
11 프로이트 심리학 입문　C.S. 홀/안귀여루
12 근대국가에 있어서의 자유　H. 라스키/이상두
13 비극론·인간론(외)　K. 야스퍼스/황문수
14 엔트로피　J. 리프킨/최현
15 러셀의 철학노트　B. 페인버그·카스릴스(편)/최혁순
16 나는 믿는다　B. 러셀(외)/최혁순·박상규
17 자유민주주의에 희망은 있는가　C. 맥퍼슨/이상두
18 지식인의 양심　A. 토인비(외)/임현영
19 아웃사이더　C. 윌슨/이성규
20 미학과 문화　H. 마르쿠제/최현·이근영
21 한일합병사　야마베 겐타로/안병무
22 이데올로기의 종언　D. 벨/이상두
23 자기로부터의 혁명 ①　J. 크리슈나무르티/권동수
24 자기로부터의 혁명 ②　J. 크리슈나무르티/권동수
25 자기로부터의 혁명 ③　J. 크리슈나무르티/권동수
26 잠에서 깨어나라　B. 라즈니시/길연
27 역사학 입문　E. 베른하임/박광순
28 법화경 이야기　박혜경
29 융 심리학 입문　C.S. 홀(외)/최현
30 우연과 필연　J. 모노/김진욱
31 역사의 교훈　W. 듀란트(외)/천희상
32 방관자의 시대　P. 드러커/이상두·최혁순
33 건전한 사회　E. 프롬/김병익
34 미래의 충격　A. 토플러/장을병
35 작은 것이 아름답다　E. 슈마허/김진욱
36 관심의 불꽃　J. 크리슈나무르티/강옥구
37 종교는 필요한가　B. 러셀/이재황
38 불복종에 관하여　E. 프롬/문국주
39 인물로 본 한국민족주의　장을병
40 수탈된 대지　E. 갈레아노/박광순
41 대장정-작은 거인 등소평　H. 솔즈베리/정성호
42 초월의 길 완성의 길　마하리시/이병기
43 정신분석학 입문　S. 프로이트/서석연
44 철학적 인간 종교적 인간　황필호
45 권리를 위한 투쟁(외)　R. 예링/심윤종·이주향
46 창조와 용기　R. 메이/안병무
47-1 꿈의 해석 (상)　S. 프로이트/서석연
47-2 꿈의 해석 (하)　S. 프로이트/서석연
48 제3의 물결　A. 토플러/김진욱
49 역사의 연구 ①　D. 서머벨 엮음/박광순
50 역사의 연구 ②　D. 서머벨 엮음/박광순
51 건건록　무쓰 무네미쓰/김승일
52 가난이야기　가와카미 하지메/서석연
53 새로운 세계사　마르크 페로/박광순
54 근대 한국과 일본　나카스카 아키라/김승일
55 일본 자본주의의 정신　야마모토 시치헤이/김승일·이근원
56 정신분석과 듣기 예술　E. 프롬/호연심리센터

▶ 계속 펴냅니다

범우사　서울시 마포구 구수동 21-1호 전화 717-2121, FAX 717-0429
http://www.bumwoosa.co.kr (천리안·하이텔 ID) BUMWOOSA

온고지신(溫故知新)으로 21세기를!

범우고전선

시대를 초월해 인간성 구현의 모범으로 삼을 만한 책을 엄선

1 유토피아 토마스 모어/황문수
2 오이디푸스 王 소포클레스/황문수
3 명상록·행복론 M.아우렐리우스·L.세네카/황문수·최현
4 깡디드 볼떼르/염기용
5 군주론·전술론(외) 마키아벨리/이상두
6 사회계약론(외) J. 루소/이태일·최현
7 죽음에 이르는 병 키에르케고르/박환덕
8 천로역정 존 버니언/이현주
9 소크라테스 회상 크세노폰/최혁순
10 길가메시 서사시 N. K. 샌다즈/이현주
11 독일 국민에게 고함 J. G. 피히테/황문수
12 히페리온 F. 횔덜린/홍경호
13 수타니파타 김운학 옮김
14 쇼펜하우어 인생론 A. 쇼펜하우어/최현
15 톨스토이 참회록 L. N. 톨스토이/박형규
16 존 스튜어트 밀 자서전 J. S. 밀/배영원
17 비극의 탄생 F. W. 니체/곽복록
18-1 에 밀(상) J. J. 루소/정봉구
18-2 에 밀(하) J. J. 루소/정봉구
19 팡 세 B. 파스칼/최현·이정림
20-1 헤로도토스 歷史(상) 헤로도토스/박광순
20-2 헤로도토스 歷史(하) 헤로도토스/박광순
21 성 아우구스티누스 고백록 A. 아우구스티누/김평옥
22 예술이란 무엇인가 L. N. 톨스토이/이철
23 나의 투쟁 A. 히틀러/서석연
24 論語 황병국 옮김
25 그리스·로마 희곡선 아리스토파네스(외)/최현
26 갈리아 戰記 G. J. 카이사르/박광순
27 善의 연구 니시다 기타로/서석연
28 육도·삼략 하재철 옮김

29 국부론(상) A. 스미스/최호진·정해동
30 국부론(하) A. 스미스/최호진·정해동
31 펠로폰네소스 전쟁사(상) 투키디데스/박광순
32 펠로폰네소스 전쟁사(하) 투키디데스/박광순
33 孟子 차주환 옮김
34 아방강역고 정약용/이민수
35 서구의 몰락 ① 슈펭글러/박광순
36 서구의 몰락 ② 슈펭글러/박광순
37 서구의 몰락 ③ 슈펭글러/박광순
38 명심보감 장기근
39 월든 H. D. 소로/양병석
40 한서열전 반고/홍대표
41 참다운 사랑의 기술과 허튼 사랑의 질책 안드레아스/김영락
42 종합 탈무드 마빈 토케이어(외)/전풍자
43 백운화상어록 백운화상/석찬선사
44 조선복식고 이여성
45 불조직지심체요절 백운선사/박문열
46 마가렛 미드 자서전 M.미드/최혁순·최인옥
47 조선사회경제사 백남운/박광순
48 고전을 보고 세상을 읽는다 묘리아 치료시/김승일
49 한국통사 박은식/김승일
50 콜럼버스 항해록 라스 카사스 신부 엮음/박광순
51 삼민주의 순원/김승일(외) 옮김
52-1 나의 생애(상) L. 트로츠키/박광순
52-1 나의 생애(하) L. 트로츠키/박광순
53 북한산 역사지리 김윤우
54-1 몽계필담(상) 심괄/최병규
54-1 몽계필담(하) 심괄/최병규

▶ 계속 펴냅니다

범우사 서울시 마포구 구수동 21-1호 TEL 717-2121, FAX 717-0429
http://www.bumwoosa.co.kr (E-mail) bumwoosa@chollian.net

수사학·심리학·문학으로서의 역사서

타키투스의 연대기
Annales

타키투스 지음 | 박광순 옮김

빼어난 문체와 기교로 펼쳐진 타키투스의 대표작!!

타키투스는 1권의 문학 평론서와 4권의 역사적 작품이 있다. 그 중에서 《게르마니아》가 가장 널리 읽히고 있지만, 우리가 그를 기억하는 것은 그가 죽을 때까지 몰두하고 아마도 퇴고의 여유도 충분히 갖지 못하고 붓을 논 《연대기(Annales)》라고 할 수 있다. 이 책은 로마제국의 초대 황제인 아우구스투스가 세상을 떠나기 직전인 서기 14년부터 네로 황제가 사망하는 68년까지 약 55년간의 로마제국 초기의 율리우스-클라우디우스 가의 흥망을 중심으로 황제의 잔혹상과 직업적 고발자의 끊임없는 고발, 원로원 의원들의 우정의 배신, 무고한 사람들의 파멸 등과 같은 암울한 정세를 빼어난 문체와 기교로 눈앞에 펼쳐진 파노라마처럼 그려내고 있다.

▶책의 구성 제1부 티베리우스/제2부 칼리굴라와 클라우디우스/제3부 클라우디우스/제4부 네로

"불멸의 작품으로 모든 문장이 심오한 통찰력과 생생한 영상을 담고 있다."—에드워드 기번(역사가)
"우리는 가장 위대한 역사가의 반열에 타키투스를 두어야 한다." —윌 듀란트(철학자)

신국판 양장본 | 768쪽 | 값 28,000원

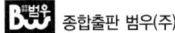 종합출판 범우(주)

www.bumwoosa.co.kr (413-832)경기도 파주시 교하읍 문발리 535-10 T.(031)955-6900~4

신간

카이사르 내란기 (외)

알렉산드리아 전기 · 아프리카 전기 · 히스파니아 전기

카이사르 지음 | 박광순 옮김

기원전 49년에서 45년에 걸린 내전에서 카이사르가 폼페이우스를 상대로 승리를 거둠으로써 그의 독재 정치와 암살, 10여년에 걸친 혼란 상태, 그의 양자 아우구스투스가 로마제국의 첫 황제로 등극하는 등 일련의 율리우스-카이사르 가의 부흥의 길이 열리게 되었다. 군인으로서 탁월한 재능을 보인 카이사르는 또한 라틴 문학사상 가장 생기발랄하고 힘이 넘치는 작가 숭의 한 명이기노 했나. 뛰어난

필치로 써내려간 내란의 초기 부분에 대한 그의 기록이〈내란기〉), 이탈리아 바깥에서 벌어진 그 후의 결정적인 전쟁들에 대한 그의 부하들의 이야기에 의해 여기에 완결되어 있다〈알렉산드리아 전기〉〈아프리카 전기〉〈히스파니아 전기〉). 그 과정에서 스페인 남부의 문다와 튀니지의 타프수스에서 극히 중

요한 전투가 벌어지고, 클레오파트라가 이집트의 왕위에 올랐다. 이 전쟁들이 하나로 합쳐져 카이사르가 절대권력을 획득해 가는—그 몇 달 후에는 비참한 죽음으로 이어지는—분투의, 완전하고 놀랄 정도로 선명한 그림이 완성되고 있다. 또한 이 전쟁들에 의해서 고대 세계의 가장 매력적인 인물 중의 한 명인 카이사르의 개성과 행동들도 독특하게 그려지고 있다.

● 신국판 양장본 | 464쪽 | 값 8,000원

 범우

경기도 파주시 교하읍 문발리 출판도시 525-2 전화 (031)955-6900 팩스 (031)955-6905

범우비평판세계문학 38-❶~❽
책 속에 영웅의 길이 있다…!!
플루타르크 영웅전
플루타르코스 / 김병철(중앙대 명예교수) 옮김

국내 최초 완역, 크라운변형 新개정판 출간!

프랑스의 루소가 되풀이하여 읽고, 나폴레옹과 베토벤, 괴테가
평생 곁에 두고 애독한 그리스·로마의 영웅열전(英雄列傳)!
영웅들의 성격과 인물 됨됨이를 사실적으로 묘사한 영웅 보감!

그리스와 로마의 영웅들과 위인들의 파란만장한 생애를 통해 그들의 성격과 도덕적 견해를 대비시켜
묘사함으로써 정의와 불의, 선과 악, 진리와 허위, 이성간의 사랑 등 인간의 모든 문제를 파헤쳐 보이고 있다.

지금 전세계의 도서관에 불이 났다면 나는 우선 그 불속에 뛰어들어가 '셰익스피어 전집'과 '플루타르크
영웅전'을 건지는데 내 몸을 바치겠다. ─美 사상가·시인 에머슨의 말─

새로운 편집 장정 / 전8권 / 크라운 변형판 / 각권 8,000원~9,000원

 범우사 서울시 마포구 구수동 21-1호 TEL 717-2121, FAX 717-0429
http://www.bumwoosa.co.kr (E-mail)bumwoosa@chollian.net